珞珈青年哲学文库

弗雷格主义的涵义理论研究

郑州轻工业学院2016年度博士基金项目资助出版

王铜静 著

武汉大学出版社

WUHAN UNIVERSITY PRESS

图书在版编目(CIP)数据

弗雷格主义的涵义理论研究/王铜静著.—武汉：武汉大学出版社，2018.11
珞珈青年哲学文库
ISBN 978-7-307-20550-5

Ⅰ.弗… Ⅱ.王… Ⅲ.弗雷格(Frege,Gottlob 1848-1925)—语言哲学—研究 Ⅳ.①B516.59 ②H0

中国版本图书馆 CIP 数据核字(2018)第 223611 号

责任编辑:胡国民 责任校对:李孟潇 版式设计:韩闻锦

出版发行:**武汉大学出版社** (430072 武昌 珞珈山)
(电子邮箱:cbs22@whu.edu.cn 网址:www.wdp.com.cn)
印刷:武汉中科兴业印务有限公司
开本:720×1000 1/16 印张:12.5 字数:178 千字 插页:1
版次:2018 年 11 月第 1 版 2018 年 11 月第 1 次印刷
ISBN 978-7-307-20550-5 定价:40.00 元

前　言

面对"弗雷格之谜"，弗雷格本人给出了经典的解决方案，即区分语言表达式的涵义与指称（sense and reference），且涵义决定指称，这就是弗雷格的间接指称论。这种区分在本质上不同于传统逻辑学上对概念的内涵和外延的区分，也成就了弗雷格式独特的意义理论，即：在考察语言的意义来源时既要考虑语言表达式的指称方面，又要考察语言表达式的涵义方面。涵义和指称的区分对应于语言意义的两个层次的区分。语言既指称这个世界中的对象，又表达一定的涵义，并且不能将语言表达式指称或描述的对象本身看作是它所表达的涵义。涵义就是语言表达式所表达的，是指称的呈现模式，这是弗雷格涵义理论的核心论题。弗雷格式的涵义理论能够应对弗雷格之谜以及信念之谜，并且揭示了语言意义的本质——这是本书为弗雷格路线辩护的出发点。

在形式语义学中，指称被视为表达式的语义值，涵义则被看作是确定指称的函项。不过，涵义不但可作为确定指称的方式，还在不透明语境中充当指称。因此，涵义不但是个准逻辑语义学概念，更是一个标准的元语义学概念。这关系到"语言意义的本质是什么"这个语言哲学中的核心问题，而弗雷格的涵义理论有着对语言意义本质的深刻洞察。弗雷格认为涵义是处在第三域的对象，而克里普克则认为意义具有规范性本质。不过，这两种观点都面临着困难。作为第三域的存在对象的涵义到底是什么？弗雷格关于此的论述是晦暗不明的，且使得"语言使用者如何把握涵义"成了难解之谜。若将意义看作是规范性的，涵义则会成为语义理论上的冗余概念，这势必迫使我们放弃弗雷格式涵义。

这就是弗雷格对涵义的柏拉图式的形而上学所造成的设定困难。

弗雷格式的涵义概念能够解释不同语言表达式的认知价值差异问题，但弗雷格所坚持的自成一类的抽象实在性涵义会导致其理论的内部冲突。弗雷格的神秘第三域难以理解和把握，这是人们建议放弃涵义概念的重要原因，弗雷格彻底的反心理主义立场则是他接受第三域的深层动机。弗雷格认为心理状态是完全私人的、主观的，然而，当前的心理科学已经普遍不认同这种看法。从自然主义的立场来看，无论从本体论还是从认识论角度我们都缺乏接受第三域的理由。

当前各种自然主义哲学语义理论的提出，为继续坚持弗雷格路线提供了新动力。自然主义认为，在世界中存在的只有自然科学所承诺的事物。而人类对自然世界以及自身的认知和解释是具有层次性的，这表现在物理学、生物学、心理学等学科在认识论上的不可还原性。从自然主义的角度来阐释弗雷格式的涵义概念，必须考虑语言、语言使用者、世界状况（指称）这三个方面的因素。涵义的本质是语言表达式-语言共同体-指称的三元有序对。语言表达了涵义，这是客观的、自然的存在，也可以说是世界呈现的一种自然属性。而从不同层次的学科，我们可以对涵义的本质作出层次性的描述。

对弗雷格式涵义的分层自然化保留了涵义概念的解释力，去除了其本体论上的神秘性。对涵义的把握可视为具体的语言使用者对涵义的个体化或者例示，从而把涵义的同一性标准和把握涵义的同一性标准区别开来了。对涵义和把握涵义的这种自然化重构，不但合理地解释了涵义理论所面临的一些传统难题，比如无指称表达式的涵义来源问题，不同语言使用者或者说认知主体对同一表达式的不同语义直觉问题等；还向我们指明了信念之谜的难解，其根源在于元语义层面。也就是说，不透明语境中所要替换的不是一般意义上的涵义，而是具体认知者对涵义的把握。这也再次说明了在语义问题上坚持弗雷格路线的必要性。

关于弗雷格的研究卷帙浩繁，本书的创新点主要体现在以下几个方面：

涵义理论能够应对弗雷格之谜，本书从这个传统视角对弗雷格路线进行了辩护。涵义概念揭示了语言意义的本质，本书着重从这个新视角为弗雷格路线辩护，即涵义和指称的区分实质上对应了语言意义的两个层次的区分。语言既用来描述世界，又用来表达思想。涵义或者思想不是语言所描述的世界本身，也不直接包含语言所论及的对象。

基于问题本身的研究，本书有选择地坚持弗雷格主义。对弗雷格的辩护是出于其涵义概念对相关谜题的解释力，因而，本书并不试图对弗雷格主义进行全面辩护，而是集中辩护弗雷格语言哲学理论中合理的部分。本书是关于语言意义的研究，因而，不讨论数学是否能还原为逻辑的弗雷格主义，而是集中辩护弗雷格主义的间接指称论，并批判弗雷格主义在形而上学方面的柏拉图主义。在此基础上，本书提出弗雷格式涵义，是不同于全面弗雷格主义的弗雷格式涵义。

对本书所界定的弗雷格式涵义进行自然化是本书的最大创新，这也是为了应对弗雷格涵义理论面临的最大质疑，即如何把握涵义。为了解决这个问题，本研究对涵义的形而上学方面做了全面考察。在本体论上对涵义自然化的创新体现在，不是从某单一自然学科出发（如认知科学或生物进化论），而是考虑到了人类自我理解的层次性本质，对涵义进行了层次性的自然化描述。这种层次性自然化意味着，即使搁置了世界存在本身是否具有层次性的问题，我们对自身及世界的理解也必然是层次性的。

在自然化涵义之前，通过研究弗雷格关于涵义的各种表述，发现弗雷格式涵义与三个要素本质相关，即语言表达式、语言共同体和指称，从而提出了涵义的本质是三要素的综合。因而需要被自然化的涵义并非某种自成一类的抽象实在或对象，而是世界上自然存在着的一种关系属性。

通过对涵义的自然化处理，能够顺利地解决如何把握涵义的问题。"把握涵义"的本质并非所谓的主观的、私人的心理事件，而是涵义在个体语言使用者那里的一次例示或者说"具身化"。从这个独特视角界定涵义和对涵义的把握，有望解决弗雷格涵义理论内部的混乱和不一致。由此也发现，被认为难解的信念之谜实质上源于这样一个困惑，即对个体例示属性这种自然事件的语言表达，能否给出完全形式化的处理。这不仅是逻辑手段问题，也是形而上学问题。这样的研究结果，将为进一步化解相关疑难提供新的思路。

目　　录

第一章　关于语言意义构成的争论

第一节　问题的由来及提出

语言、世界及思想的关系是怎样的？对这些问题的讨论源远流长，也相应地产生了诸多理论，比如：指称说、意念说、行为反应说、用法说、验证说、真值条件说、语义三角说等，众说纷纭。一般认为语言用来描述世界或表达思想，因而语言是有意义的。而语言的意义到底是什么则成为哲学界的经典疑难问题之一。这个问题的棘手是显而易见的，譬如，奥根和理查德（Ogden \ Richards）在《意义的意义》一文中单单就意义的定义就列举了 22 种。

在以探讨世界本源为主流的古希腊哲学家那里，就已经开始关注到语言、世界及思想的关系问题。巴门尼德认为能够被思维和能够存在乃是同一回事，不可能发现一种思想是没有它所表达的存在物的，而语言不过是表达思想的工具，因此，语言、思想与世界也是同一的。这种看法显然不是所有人都赞同，古希腊的智者学派就对上述论题提出了怀疑，比如高尔吉亚著名的三个怀疑主义论题，即：无物存在；即使有物存在，也不可知；即使有物存在并被认知，这种认知也不可能被传达给他人。这些怀疑论证出于这样一种常识，即一种素朴的唯物论：我们可以用语言谈论一些现实中不存在的事物，也可以思考一些现实中不存在的事物，甚至可以理解一些自相矛盾的命题（如圆的方），也乐于承认现实中一些事物从未被人思考或者谈论过。

柏拉图已经论述过语言符号本身，认为名称的产生不是由于被命名事物的本质，而是由于人们的习惯和用法约定。他认为名称的含义独立于各种具体的事物，比如"马"的含义独立于各种具体的马，它不存在于空间和时间中，而是永恒的。斯多葛学派则提出了"lekton"的说法，其意思最接近于"所意谓的东西"。这种说法认为记号、所意谓的东西与事物是相互联系又相互区别的。"记号与事物都是世界中存在的实在，而所意谓的东西是记号所表达的、非物质的东西，它为我们所理解且存在于我们的思想中。"① 斯多葛学派还将所意谓的东西分为完全的和不完全的两类：不完全的是指没有表达完整的；完全的则可分为命题、问题、询问、命令、宣誓等，其中命题是逻辑学关注的，并有真假之分。另外，斯多葛学派还区分了真的（或假的）东西和真理，真的（或假的）是对命题而言的，而一个命题是一个非物质的所意谓的东西，因而真的（或假的）东西不是物体。而真理却不一样，真理是对一些有关的真命题给予断定的知识，而知识是灵魂成分的一种状态，因而真理是物体。这个学说可以说是弗雷格涵义理论的古代版本。

最早系统地论述了逻辑规则的亚里士多德，则更加全面地考察了语言、思想与世界之间的关系，比如他讨论了语言的本质以及意义的来源，认为"口语是心灵的经验的符号，而书写词语是口语的符号"，而名词"是指一个由于习惯而有其意义的声音，它是没有时间性的，它的任一部分离开其他部分就没有意义"，"句子是语言的一个有意义的部分，这个部分的某些部分具有一种独立的意义"，等等。② 亚里士多德不仅提出了经验主义的意义理论，甚至提出了意义的组合原则的一部分。

近代哲学更加重视语言的功能，并对语言现象以及语言、世界与思想的关系做了更加细致的研究。比如英国早期经验主义者霍布斯（Thomas Hobbes）认为：名称（语言符号）具有标记和记号两种作用。人要进行推理，就必须借助一些可感的标记（mark）将过去的观念回

---

① 刘书斌．古代西方语义学的萌芽述评［J］．思维与智慧，1990（5）：27.
② 刘书斌．古代西方语义学的萌芽述评［J］．思维与智慧，1990（5）：26.

忆起来，这些标记是人任意为自己所定的，是私人的、因人而异的。为了使人之间的交流成为可能，就需要一些既表示每个人各自的观念，同时又能为大家理解和接受的东西，这就是记号（sign）。名称对于语言来说是本质重要的，名称的意义在于，或者是它命名的对象本身，或者是它指称的人的观念本身。作为唯名论者，霍布斯认为语言的意义是命名的各种对象（物理的和心理的），世界上没有共相，通名不过是由于个体在某些属性上的相似。

约翰·洛克则认为语词是观念的标记，并因而具有意义，而观念本身是私人的。虽然观念是私人的，但人具有普遍的观念，之所以这样是因为人具有独有的抽象能力，这种能力使得人将某种共同的观念分离出来，使之成为普遍性的观念；与此同时，他还用具有普遍性的词来代表这个观念。洛克的观点一般被认为是意义的观念论的来源。洛克路线的核心论点是：语词是心灵状态的约定符号，意义就是符号所表达的思想和观念。后来，格莱斯（H. P. Grice）发展了这条路线，他认为说话者意义揭示了语词具有意义是怎么回事，并根据意向性概念解释说话者意味某个东西是怎么回事。当代的达维斯（Wayne A. Davis）则回应了针对意义的观念论的批评，对洛克路线做了更深入的解读和研究。

英国实证哲学家密尔（J. S. Mill），将名词做了细致的区分，其中有内涵名词和非内涵名词的区分，内涵名词指具体的全称名词（如"人"），非内涵名词指抽象的单称名词，如"张三"等专名。内涵名词既能指示个体，又能表示这些个体共同的属性；非内涵名词则不表示任何属性。他认为专名是非内涵的，指称了某个个体，但不包括这个个体的属性。只有对象而没有内涵的名称就是专名，严格来说，它们没有任何意义。"内涵"则是借用中世纪经院哲学的逻辑术语，指一个名称与一个或多个属性之间的关系。因此，内涵词项具有内涵，非内涵词项则没有任何内涵。并且，密尔认为在通名情况下，内涵决定指称。内涵性名称有内涵但不一定具有指称；专名则相反，它没有内涵却必须有指称。这就是直接指称论的近代渊源，学界称为"密尔路线"（也有人称此为"罗素路线"）。

近代哲学的认识论性质，使得到后来心理主义盛行，当时哲学界主流认为，逻辑就是研究思维规律的。德国逻辑学家弗雷格（Gottlob Frege）不同意将逻辑规律看做是思维的心理学规律，他在研究逻辑的本质的时候反对心理主义的立场，并基于一种客观的、逻辑的立场对语言的意义问题做了新思考。他认为语言符号不但具有指称，而且具有涵义，这两个不同层面共同构成了语言的意义。这种以符号逻辑为工具对语言意义的分析，被称为分析哲学。这种哲学研究方式引起了现代哲学的语言转向，并使得其在 20 世纪初成为哲学界的主流，弗雷格也因此被视为现代分析哲学之父。与此同时，现象学鼻祖胡塞尔（E. Edmund Husserl）也思考过类似问题，并与弗雷格有学术上往来。弗雷格与胡塞尔关于涵义的概念甚至有许多相似之处，比如胡塞尔的范畴直觉与弗雷格的概念函数、胡塞尔关于判断的分析与弗雷格关于思想的分析、胡塞尔的意向性与弗雷格的命题态度等。

弗雷格区分语言符号的指称和涵义的初衷是解决如下问题：传统认为专名的意义就是它的指称，如此的话，晨星和暮星指称同一个行星（金星），那么为何"晨星是晨星"与"晨星是暮星"会具有不同的认知意义呢？这样的问题就是所谓的"弗雷格之谜"或叫做"同一性语句的困惑"。罗素（Bertrand Russell）则认为对于真正的专名来说，其意义就是其指称，弗雷格所面临的同指称专名的疑惑源于他没意识到"晨星"这样的专名并非真正逻辑意义上的专名，而是缩略了的限定描述词。① 这就是分析哲学的典范，即罗素著名的描述词理论。该理论认为，描述词与专名具有不同的逻辑作用，一个专名要有意义就必须有指称；而一个描述词则可以不指称任何对象仍具有意义，描述词并不是起指称作用的表达式，因而不能将同一替换律运用在描述词上。罗素又认为，一般的专名并非真正的专名而是缩略的描述词，这种看似专名的语词的意义源于被缩略的描述词。而描述词的意义最终又是由真正的专名

---

① 描述词即罗素的 description，一般将其翻译为摹状词或描述词，描述词的翻译更加平实，也更符合汉语的语言习惯。因此，本书采用此种译法。

而来，真正的专名只有这、那等几个直指词，它们的意义则是亲知的知识（即直接的经验内容）。罗素关于专名和描述词的区分可以说继承了密尔关于名称的某些观点，而他的意义理论可以说是延续了上述的英国经验论传统。弗雷格与罗素曾经就语言的意义通信进行过争论，弗雷格认为进入命题从而作为命题成分的是语言所表达的涵义（或者说某种中间物），而罗素认为进入命题的是语言所指称的对象本身。这就是弗雷格路线与罗素路线之争，有时又被称作间接指称论与直接指称论之争。

20 世纪初，弗雷格奠定了现代数理逻辑的基础，立志将数学建立在纯数理逻辑的基础上。罗素对此很是赞赏且也致力于数学基础的研究，因而人们自然地将弗雷格与罗素视作同一战线上的哲学家。弗雷格的涵义理论一度被视为弗雷格之谜的标准解答，且语言表达式的涵义一度被理解为罗素所谓的描述词。然而到了 20 世纪六七十年代，唐纳兰（Keith Donnellan）、卡普兰（David Kaplan）、克里普克（Saul Kripke）、普特南（Hilary Putnam）等哲学家逐渐认识到描述词理论面临着难以克服的困难。而同时弗雷格式涵义也受到了质疑，"弗雷格之谜"被明确地提出来并被人们重新思考。斯特劳森（P. F. Strawson）和塞尔（John R. Searle）等则坚持弗雷格涵义理论的重要性。随之而起的是 20 世纪 80 年代的新直接指称论者，如萨蒙（Nathan Salmon）、韦特斯坦（Howard Wettstein）、索姆斯（Scott Soames）、佩里（John Perry）等人，开始寻求在直接指称论的理论框架内解决"弗雷格之谜"。与之针锋相对，新弗雷格主义者（又称新逻辑主义者）坚持反对外延主义，即反对将概念等同于其外延或者说谓词所指称的类，他们对弗雷格关于抽象对象（比如思想）的柏拉图主义更加乐观，其代表人物是莱特（Crispin Wright）和黑尔（Bob Hale）。随着新直接指称论对弗雷格涵义的新一轮质疑和新弗雷格主义的回应，弗雷格与罗素在意义理论上的分歧越加明显，这也代表了关于语言、世界与思想的关系的两种截然对立的看法。而当前最流行的二维语义学，在语义的二维结构方面继承了弗雷格区分涵义和指称的衣钵。

弗雷格最先建立起来的符号逻辑系统以及其分析语言意义的方式，奠定了分析哲学的基础，在推动现代哲学语言转向的过程中可谓功不可没。现代哲学语言转向后，最基本的议题就是关注语言、世界与思想的关系，语言的意义问题成为哲学领域的核心问题。那么，语言符号的指称能否穷尽其意义？如何应对弗雷格之谜？能否抛弃弗雷格的涵义理论？如何理解弗雷格的涵义理论？显然，这些是重要且有价值的哲学问题，也是本书的关注重点。

第二节　国内外相关研究评介

有关语言意义的讨论可以说卷帙浩繁，本书议题主要围绕弗雷格的涵义理论展开，这里就基本和重要的文献作一综述，并重点介绍一些国内已有的相关工作。

弗雷格关于哲学问题或体现他哲学思想的专门论述并不多，关于涵义的讨论主要体现在其著名论文《论涵义与指称》中。对他来说，涵义与思想具有同样的本体论地位，他在《思想：一种逻辑研究》一文中论证了思想的客观性，认为思想处在"第三域"，体现了他的数学柏拉图主义。在其专著《算数基础》的前言中，弗雷格提出了他著名的三大方法论原则。在《论概念与对象》《函数与概念》等文中，则讨论了一些重要的逻辑语义问题。他和罗素等人的通信则直接反映了他们对相关问题立场的异同，比如他们对什么构成命题有着对立的观点，等等。①

_____

① 本书所参考的弗雷格著作，中译文主要有王路译的《弗雷格哲学论著选辑》（2006）、陈启伟译的《论意义和所指》（见陈波等主编《逻辑与语言》，2005），以及马蒂尼奇编《语言哲学（中译版，2006）》中收录的《论涵义和所指》。英译文主要有 Michael Beaney 编的 The Frege Reader（1997）；Peter Geach 和 Max Black 译的 Translation from the Philosophical Writings of Gottlob Frege（1960）；BrianMcGuinness 等编译，Basil Blackwell 出版的通信集 Philosophical and Mathematical Correspondence（1980）、文集 CollectedPapers on Mathematics, Logic, and Philosophy（1984）、Posthumous Writings（1979）等。

达米特（Michael Dummett）对弗雷格的重要哲学概念进行了深入研究和阐释，将涵义解读为理想化识别条件或可断定性条件。① 米勒（Alexander Miller）围绕弗雷格的涵义概念展开了语言哲学相关的各种讨论，特别是对涵义的各种界定，以及对涵义的经典质疑及回应。② 埃文斯（G. Evans）将涵义解读为理解指称的方式。③ 圣斯伯里（R. M. Sainsbury）讨论了空名问题如何得到弗雷格涵义理论的处理，并评论了埃文斯。④ 伯奇（T. Burge）强调涵义的心理学特征和语义学特征，认为涵义必须扮演信息值角色并对指称起着决定性作用。⑤ 萨蒙也强调涵义的心理学特征和语义学特征，但倾向于认为涵义是语用概念，其最新文集收录了他从 20 世纪 80 年代到当前的重要文章，其中论证了一种与密尔主义一致的语义理论。⑥ 扎尔塔（Edward N. Zalta）对伯奇和萨蒙的工作做了对比，并以所谓的抽象对象为基础将伯奇和萨蒙概括的涵义特征全部加以刻画和体现。⑦ 麦克道尔（John McDowell）在从物性与从言性的区分方面，发展出从物性涵义理论。⑧ 彭科（Carlo

---

① Dummett M. Frege. Philosophy of Language ［M］. Cambridge, MA: Harvard University Press, 1973; Dummett M. Frege and Other Philosophers ［M］. Oxford: Clarendon Press, 1990.

② Miller A. Philosophy of language ［M］. Montreal Ithaca: McGill-Queen's University Press, 2007.

③ Evans G. The Varieties of Reference ［M］. Oxford: Oxford University Press, 1982.

④ Sainsbury R M. Sense without reference ［C］ //Albert Newen et al. Building on Frege New Essays About Sense, Content and Concepts. Chicago: University of Chicago Press, 2001: 211-230.

⑤ Burge T. Truth, Thought, Reason: Essays on Frege ［M］. Oxford: Oxford University Press, 2005.

⑥ Salmon N. Frege's Puzzle ［M］. Cambridge MA: MIT Press, 1986; Salmon N. Content, Cognition, and Communication ［M］. Oxford: Clarendon Press, 2007.

⑦ Zalta, E. N.. Intensional Logic and the Metaphysics of Intentionality ［M］. Cambridge, MA: MIT Press, 1988.

⑧ Mcdowell J. Referring to oneself ［M］ //Lewis Edwin Hahn The Philosophy of P. F. Strawson. Chicago and Lasalle: Open Court, 1998: 129-145.

Penco）则讨论了涵义的等同性问题。① 佩里系统梳理了弗雷格之谜在弗雷格哲学的各个时期如何加以处理，特别是《概念文字》时期和《论涵义与指称》时期。② 西贝尔（Mark Siebel）认为弗雷格的涵义并非词汇意义，并且弗雷格的思想并非精神事件类型。③ 对弗雷格涵义理论的重要解读和阐释还有卡茨（Jerry Jerrold Katz）、门德尔松（R. Mendelson）、马金（Gideon Makin）、卡尔（W. Carl）等。④ 当前，给出涵义概念刻画的最流行策略是二维主义语义学，其主要代表查尔莫斯（David Chalmers），通过区分出两种不同的内涵概念，分别用以容纳弗雷格式涵义对指称的决定作用和直接指称理论的严格指示词观念，以所谓的首内涵来刻画作为认识论概念的弗雷格涵义。⑤

　　弗雷格的涵义理论蕴含了一种语言意义的间接指称论（Mediated reference theory），20世纪中叶拥护这一路线的代表人物有斯特劳森和塞尔。在弗雷格主义受到批判后，出现了拥护弗雷格立场的新弗雷格主义（又称新逻辑主义），黑尔和莱特收集了这方面的文献，新弗雷格主义者辩护了弗雷格哲学的两个关键方面，即数学作为独立存在的对象的数学柏拉图主义，以及数学可以还原为逻辑知识的逻辑主义。⑥

---

① Carlo Penco. Frege, sense and limited rationality [J]. The Review of Modern Logic, 2001, Volume 9 Numbers 1 & 2（November 2001-November 2003）[Issue 29]：53-65.

② Perry J. Frege on Identity, Cognitive Value, and Subject Matter. Building on Frege [M]. Standford：Csli Publ, 2001：141-158.

③ Siebel M. The ontology of meanings [J]. Philosophical Studies, 2008, 137（3）：417-426.

④ Katz J J. Sense, reference, and philosophy [M]. Oxford：Oxford University Press, 2004；Mendelson R. The philosophy of Gotlob Frege [M]. Cambridge：Cambridge UniversityPress, 2005；Makin G. The Metaphysics of Meaning：Frege and Russell on Sense and Denotation [M]. London, New York：Routledge, 2003；Carl W. Frege's Theory of Sense and Reference [M]. Cambridge：Cambridge University Press, 1994.

⑤ Chalmers D J. On Sense And Intension [J]. Nous, 2003, 36（S16）：135-182.

⑥ Hale B, Wright C. The reason's proper study：Essays towards a Neo-Fregean philosophy of mathematics [M]. Oxford：Clarendon Press, 2001.

　　与间接指称论相对立的是语词意义的直接指称论，这种观点最早是实证论者密尔明确的，罗素在《描述词》等文中发展了这样的看法。直接指称论者最重要的两个论题（即直接指称观念和固定指示词理论）的经典表达来自卡普兰、克里普克。克里普克描述了一种更精细的指称理论，即指称的历史因果论，他对涵义理论的几个著名攻击和对直接指称论的改造加强了人们对直接指称论的信心。① 新指称运动使得弗雷格与罗素的分歧被人们重视，并得到广泛探讨，汉弗莱（P. Humphreys）和 费策尔（J. H. Fetzer）收集了新指称运动兴起的背景文章。② 对涵义概念的经典攻击主要体现在三个方面，即涵义是否真值条件相关、涵义是否能决定指称以及涵义在内涵语境下可否充当指称，主要在卡普兰、克里普克、唐纳兰、佩里的文章中得到了详细讨论。卡普兰认为弗雷格的涵义概念不融贯，提出了自己的涵义概念。佩里将对指示词涵义问题的处理视为弗雷格涵义成败的关键。索姆斯将克里普克的论证进行了重构，并谓之模态论证、认识论论证和语义学论证，他也是二维主义最激烈的批评者。③

　　如何解决弗雷格之谜，除了弗雷格涵义理论这个标准解决方案，也有人提出了其他思路，比如，范恩（K. Fine）给出了一个有新意的方案，它通过类比个体变元 x、y 在单独使用时的等同性和同时使用时的差异性，来尝试为"晨星"和"暮星"在指称层面的同一性和涵义层

---

　　①　直接指称论的相关文章参见收录在 The philosophy of language，3rd ed （Martinich Aloysius. Oxford University Press，1996）中的罗素的 Descriptions 及 On Denoting，卡普兰的 Dthat，克里普克的 Naming and Necessity，A Puzzle about Belief，Wittgenstein on Rules and Private Language，唐纳兰的 Reference and Definite Descriptions 等文。中译文参见陈波等主编的《逻辑与语言》（2005）以及马蒂尼奇编《语言哲学》（2006，牟博等译），此版根据 1985 年英文版译出，收录文章与 1996 版有增删。

　　②　Humphreys P，Fetzer J H. The new theory of reference ［M］. Boston：Kluwer Academic Publishers，1999.

　　③　Soames S. Beyond Rigidity The Unfinished Semantic Agenda of Naming and Necessity ［M］. Oxford：Oxford University Press，2002：3-18.

面的差异性提供解释。① 关于涵义是否可以看做是逻辑语义学概念，有人明确建议将涵义从语义学理论中剔除出去，如萨蒙、索姆斯以格莱斯的语用蕴含理论为基础发展出了语义学、语用学区分，用此策略来解决弗雷格之谜，认为涵义是语用而非语义概念。弗雷格之谜与信念报道之谜密切相关，如何理解信念报道语句中同指称替换问题，雷卡纳迪（F. Recanati）②、理查德（M. Richard）③ 等认为，信念报道语句本质上是某种索引性结构，其真值索引于语言表达式本身。

在弗雷格的哲学思想中，有一条重要的意义原则，即语境原则：只有在完整的句子中才能讨论其中语词的意义。这条原则影响深远，后来产生了各种语境论，普莱尔（Gerhard Preyer）和皮特（Georg Peter）收集了这方面的文章，讨论的核心是语境在知识、理解以及意义中的地位，语境不再被限定为整个句子，而是扩展到整个语言系统，甚至整个人类文化、社会。④ "语境敏感的"成为热门词汇，比如情景语义学、推论角色语义学、动态语义学等都强调这一点。如高克（Christopher Gauker）的情景语义学反对依赖于心灵表征概念的传统语义学，认为对话的目标和环境决定了话语的情景，话语的基本规则是由情景中句子的可判定性条件形成的。⑤ 雷卡纳迪持有语境论观点，认为语义的构成在一定程度上是创生过程，单纯的句子内容并不能完全描述真值条件。⑥

当前的各种语境论语义学对传统的形式语义学提出了挑战。形式语

① Fine K. Semantic Relationism［M］. Oxford：Blackwell Publishing, 2007.
② Recanati F. Direct Reference：From Language to Thought［M］. Oxford：Blackwell, 1993；Recanati F. Opacity and the Attitudes［M］// Alex Orenstein. Knowledge, Language and Logic：Questions for Quine. Berlin：Springer Netherlands.
③ Richard M. Propositional attitudes：An essay on thoughts and how we ascribe them［M］. Cambridge：Cambridge University Press, 1990.
④ Preyer G, Peter G. Contextualism in philosophy：knowledge, meaning, and truth［M］. Oxford：Clarendon Press, Oxford University Press, 2005.
⑤ Gauker C. Words without meaning［M］. Cambridge, MA：MIT Press, 2003.
⑥ Recanati F. Literal meaning［M］. Cambridge：Cambridge University Press, 2004.

义学（又称真值条件语义学）的先驱戴维森（Donald Davidson）主张语句的意义即其真值条件，也即解释一个陈述的意义就是刻画其为真的必要和充分条件，真值条件如同命题一样具有结构且具有组合性。① 这种语义学随后成为自然语言语义学的主流和传统，面对情景语义学的挑战，普莱德利（Stefano Predelli）探讨了真值条件与在特殊评价条件下赋（真、假）值的关系，认为情景主义者的担忧并不能削弱传统的语义学进路。②

对于弗雷格来说，涵义的重要性在于它是其逻辑语义学的重要组成部分，那么语义或涵义是实在性的还是规范性的呢？现在学界主流倾向于认为语义是规范性的，即：如果要用语言符号意味某些东西，就得遵从一定规则。克里普克将规范性看做检验一种意义理论的前理论标准，也即任何合适的意义理论都应该是规范性的。譬如，希尔福伯格（Arnold Silverberg）虽赞同用功能主义阐释命题态度的语义学，但提议要辅助一些非自然的因素，如规范性约束，来给命题态度内容提供充分的说明。③ 维克福斯（Åsa Maria Wikforss）则建议放弃未经批判的语义规范性承若。④ 布萨格洛（Meir Buzaglo）认为对概念的操作在数学和自然科学中是个常见过程，深入地讨论了将概念扩展看做规范过程的观点。⑤

一般认为，语言及其表达的思想，都具有约定性、规范性，比如认为推论规则就是内在于语言与思想本身的。但这类规范性从何而来？一般认为是源于概念分析的发现，而米利肯（Ruth Garrett Millikan）却认

---

① 参见收录在 The philosophy of language（Martinich Aloysius，3ʳᵈ ed. Oxford University Press，1996.）中戴维森的 Truth and Meaning 及 On Saying That。

② Predelli S. Contexts：Meaning，truth，and the use of language［M］. Oxford：Clarendon Press，2005.

③ Silverberg A. Putnam on functionalism［J］. Philosophical Studies，1992，67（2）：111-131.

④ Wikforss Å M. Semantic normativity［J］. Philosophical Studies，2001，102（2）：203-226.

⑤ Buzaglo M. The logic of concept expansion［M］. Cambridge：Cambridge University Press，2002.

为，某些语言形式留存下来是因为在各种情况中这种沟通类型对说者和听者都有益，规则刻画了某些说者-听者交互的特点，理解语言的过程并非是格莱斯式的，而更像是通过包含在有结构的可视光线中的自然符号，对世界的直接把握。① 哈迪安伽迪（Anandi Hattiangadi）认为语义的规范性并不构成对自然主义的挑战，因为规范性本身是模糊的，既可以理解为一个术语的内容是某种类型的应用，又可以理解为某种类型的应用可以看做是正确的。②

弗雷格反对逻辑中的心理主义，明确了心理与逻辑的区分，对抽象对象采取了鲜明的柏拉图主义立场。然而，彼时的心理主义是基于近代粗糙的心理学、认识论研究之上的。20世纪后，心理学有了长足发展且影响深远，心理语义学也在此背影下产生，福多③（Jerry A. Fodor）是其代表人物。福多从心灵哲学的视角出发发展了一种心理语义学（Psych Semantics），这种语义学探讨常识心理学理论与语义学及语言哲学核心问题的关系。他认为物理主义无法处理关于性（Aboutness）或意向性的问题，反对意义的外在论、整体论以及自然主义。理查德也认为命题本身是一个心理事实。汉娜（Robert Hanna）则认为逻辑本质上是心理的，而人类心理本质上又是逻辑的，这挑战了自弗雷格和胡塞尔以来对逻辑心理主义（即将逻辑还原为经验心理学）的批判传统，虽然逻辑心理主义是错的，但是逻辑与心理间有本质性的联系。汉娜提出了所谓的逻辑认知主义，这种理论宣称认知科学既是一门以真为导向的客观科学（如同物理学），也是一门规范性的人类科学（如同逻辑学）。④ 萨卡（François Paul Saka）发展了一种更彻底的心理语义学，即他所谓的态度语义学（Attitudinal Semantics），认为对于某个特定的

① Millikan R G. Language：A biological model［M］. Oxford：Oxford University Press，2005.

② Hattiangadi A. Is meaning normative？［J］. Mind & Language，2006，21（2）：220-240.

③ Fodor J A. Psychosemantics：The problem of meaning in the philosophy of mind［M］. Cambridge，MA：MIT Press，1987.

④ Hanna R. Rationality and logic［M］. Cambridge，MA：MIT Press，2006.

说话者而言，语义可以具有明确的相对性，语义理论与心理学、社会学、历史语言学以及其他经验科学相关。对于经典语义学（如真值条件论）而言，分析的对象是抽象句子或话语，如"草是绿的"；对于态度语义学而言，研究的对象则是命题态度，比如"说话者这般认为草是绿的"。①

柏格丹（Radu J Bogdan）则反对福多式的心理语义学，他认为当前心理语义学有两个教条，即语义学运行精神和常识心理学的预设。心理语义学认为心理态度（如信念、欲望等）具有重要的语义内容，或者说是语义可评估的。心理态度的内容（即一般所谓命题内容）由于其反映了相应语义属性和关系的句法结构，因而具有语义的因果效力，比如：如果我思考命题 P，并且 P 蕴含 Q，那么我就因果地思考命题 Q，因为前两个思想引起了后一个。柏格丹甚至质疑认知本质上是语义的，以及心理语义学的自然化可以是因果的。② 普特南的著名思想实验"缸中之脑"论证了意义不在头脑之中，语词和思想的内容部分地依赖于思考它的人之外的某些性质，并非所有的心理内容都是属心的，这是语义外在论的基本论题。③

20 世纪上半叶拒斥形而上学是主流，维也纳学派甚至提出了明确的拒斥形而上学口号，在语言的意义问题上尤其如此，比如霍夫斯达特（Albert Hofstadter）就赞赏塔斯基（Alfred Tarski）的工作可以使形式语义学避免形而上学问题。④ 20 世纪 50 年代后，形而上学逐渐回归，以蒯因（Willard Van Orman Quine）的"本体论承诺"为先声。⑤ 虽然仍

---

① Saka P. How to think about meaning [M]. Berlin：Springer, 2007.

② 参见 Bogdan R J. Does Semantics Run the Psyche? [J]. Philosophy and Phenomenological Research, 1989, 49（4）：687-700.

③ 参见 Hilary Putnam. Reason, truth, and history [M]. Cambridge：Cambridge University Press, 1981. 此外，关于语义外在论，Susana Nuccetelli 编纂了文集 *New essays on semantic externalism and self-knowledge*，MIT Press 于 2003 年出版。

④ Hofstadter A. On semantic problems [J]. The Journal of Philosophy, 1938（35）：225-232.

⑤ Quine W V. On What There Is [J]. Review of Metaphysics, 1948, 2：21-38.

有人继续保持对形而上学敬而远之的态度，然而认真讨论本体论问题已经重新占据哲学主流；在自然科学日益昌盛、日新月异的当代背景下，自然主义本体论已经成为哲学主流。霍根（Terence Horgan）论证了一种自然主义同时又是现实主义的本体论立场。① 洛维（E. J. Lowe）对有什么进行了本体论的研究，认为他的四种类说（包括真实殊相、非真实殊相、真实共相、非真实共相）为自然科学提供了一种彻底的形而上学基础，可以解释因果性问题、意向性问题、自然律问题、自然必然性问题、虚拟（反事实）条件句的语义问题，以及"使真"关系的特点问题等。② 查尔莫斯等搜集了本体论讨论的当前争论和新近成果，显示出分析传统下的形而上学讨论趋势是，本体论的缩减论和多元论对传统实在论的挑战。③ 林斯基（Bernard Linsky）和扎尔塔认为我们关于抽象对象的知识与自然主义是相容的，他们并不认同自然化柏拉图主义立场，而是提出柏拉图化自然主义，其方式是：重新塑造抽象个体，认为初始的是编码（也即一种谓述模型）而非例示（传统的谓述的例示模型）。④

弗雷格将涵义看做是处于第三域（非心理、非物理）的抽象事物，这种本体论观点不但有违"奥卡姆剃刀"的要求，且由于因果闭合原则得到普遍认可，如何把握这种涵义也面临着认识论难题。因此，顺应哲学领域研究的进展，对语义学有必要从自然主义的角度做出探索和解释。自然主义追求将语义概念还原为非语义概念，将抽象存在还原为具

---

① Horgan T. Actualism, quantification, and contextual semantics [J]. Noûs, 1998, 32（S12）: 503-509.

② Lowe E J. The four-category ontology: a metaphysical foundation for natural science [M]. Oxford: Clarendon Press, 2006.

③ Chalmers David, David Manley, Ryan Wasserman. Metametaphysics: new essays on the foundations of ontology [M]. Oxford: Oxford University Press, 2009.

④ Linsky B, Zalta E N. Naturalized Platonism versus Platonizednatura-lism [J]. The Journal of Philosophy, 1995: 525-555. 另外，关于科学自然主义与柏拉图超自然主义的争论，卡洛（Mario de Caro）和麦克阿瑟（David MacArthur）搜集了相关文献（Caro Mario De, David MacArthur. Naturalism and Normaltivity [M]. Columbia University Press, 2010）。

体存在，用来自于自然科学的各种术语重述或者还原传统语义概念。自然化语义始于 20 世纪七八十年代，以目的论语义学为代表，这种立场力图根据意义和其他意向性现象在种族生活中的功能来解释语义问题。目的论意义与表征意义有什么关系呢？米利肯认为详述的人类目的及详述的人类意图就是被表征的目的，人们不仅表征其目的，还拥有他们所表征的目的。然而，与本身具有目的的自然符号不同，意向性符号（比如语词、句子）能够被错误表征或者说是可错的。①

弗雷格的命题内容对逻辑等价信念的认知差异是敏感的，因而，自然化就要求这些内容能够直接进入物理-因果关系，皮考克（Christopher Peacocke）的解决方案是，将内容看做是命题态度的能力，从而将弗雷格语义学与认知自然主义联合起来。② 霍根和蒂蒙斯（Mark Timmons）研究了语义讨论隐含着什么样的本体论承诺，以及这些语义性质或事实如何为我们所知，这其实就是元语义学问题；他们认为人和人类社会都是有层次的自然存在，并基于此论证了一种自然主义的非实在论元语义学，认为这种元语义立场可与语用及进化论相契合。③ 根据自然主义语义学是个经验科学，德维特（Michael Devitt）探讨了语义学的方法论问题，认为直觉与思想实验在其他经验科学中并不具有核心地位，因而，在语义学中依赖语义直觉是糟糕的。④ 西尔弗斯（Stuart Silvers）讨论了精神表征的二因素语义学，认为物种外部环境的特点，使得精神表征的意向性得以在经验研究中进行解释，可以发展经验理论来解释行为的

---

① Millikan R G. Varieties of Meaning [J]. Studies in Cognitive Systems，2004：287-326. 关于目的论语义学，麦克唐纳（Graham MacDonald）和帕皮诺（David Papineau）编纂了论文集（Macdonald Graham，David Papineau. Teleosemantics [M]. Oxford：Oxford University Press，2006）。

② Peacocke C. A study of concepts [M]. Cambridge，MA：MIT Press，1992.

③ Horgan T，Timmons M. Metaphysical naturalism，semantic normativity，and meta-semantic irrealism [J]. Philosophical Issues，1993：180-204.

④ Devitt M. The methodology of naturalistic semantics [J]. The Journal of Philosophy，1994，91（10）：545-572.

意向性。① 霍根提议，应该重视用一种自然主义可接受的方式解释物理的和意向的东西之间的层间关系，而这种方式可能是非实在论的，但也并非是取消主义的。②

当前心灵哲学的核心问题之一是讨论这样一个问题，即精神如何与一种自然主义世界观相适应，也就是所谓的自然主义的适应性问题。而根据概念内容的规范维度，规范性制约着所有的思考，因此，精神或心灵的规范性问题也被提出。这种规范性如何与自然主义相适应已经成为难题，比如伯姆德兹（Jose Luis Bermudez）讨论了自然主义与语义规范性的适应性问题。③ 而语义问题又与意向性概念密切相关，吉列（Grant Gillett）认为弗雷格和胡塞尔都没有提议对意向性进行自然主义解释的可能路径，而维特根斯坦关于意向性的观点，一方面是规范性的，另一方面又是一种亚里士多德式的自然主义，且能够避免粗鲁的生物主义。④ 当然，也有人强烈反驳自然主义潮流，如波特（Leon Porter）通过探讨谎言的语义问题以对语义自然主义进行反驳。⑤ 普兰廷加（Alvin Plantinga）对自然主义的进化论反驳是当前的讨论热点，他试图证明自然主义与进化论不兼容。⑥ 这方面的研究成果为对弗雷格式涵义作自然主义阐释提供了理论基础和思路。

弗雷格作为卓有建树的数学家，在其生时并非声名显赫，甚至是被罗素"发现"后才为人们所熟知和重视，但是当时他与罗素、胡塞尔

---

① Silvers S. On naturalizing the semantics of mental representation ［J］. British Journal for the Philosophy of Science, 1991, 42（1）: 49-73.

② Horgan T. Naturalism and intentionality ［J］. Philosophical Studies, 1994, 76（2）: 301-326.

③ Bermúdez J L. Naturalism and Conceptual Norms ［J］. Philosophical Quarterly, 1999, 49（194）: 77-85.

④ Gillett G. Husserl, Wittgenstein and the Snark: Intentionality and Social Naturalism ［J］. Philosophy and Phenomenological Research, 1997, 57（2）: 331-349.

⑤ Porter L. Semantic Naturalism and the Liar ［J］. Analysis, 1993, 53（4）: 281-284.

⑥ Plantinga A. Against naturalism ［J］. Philosophia, 2008（9）: 1-69.

等都有学术通信往来，与维特根斯坦也有学术上的交集，对这些哲学大家的思想进行比较研究也是很重要的。穆罕迪（J. N. Mohanty）系统比较了弗雷格与胡塞尔的观点，包括意义、指称、逻辑以及知识等方面。① 哈德克（Guillermo E. Rosado Haddock）作为"胡塞尔派"学者，批判地讨论了弗雷格哲学中的主要论题，包括其数学哲学、涵义-指称的区分、函数与对象的区分，以及对形式主义与心理主义的批判。② 麦金泰尔（Ronald McIntyre）认为弗雷格与胡塞尔关于涵义的概念有诸多相似之处，但差异也显著，对于胡塞尔来说，被思考的涵义并非对象，而是普通行为的理想内容，通过这种行为普通对象被意向，并且涵义与胡塞尔式概念的作用关系也不是唯一的，等等。③ 索克罗斯基（Robert Sokolowski）认为胡塞尔的一些普遍性论题，比如空、充满的意向、同一性论题等，可以为分析弗雷格的哲学概念提供思路。④ 吉列试图将胡塞尔的解释与弗雷格关于涵义与指称的洞见联系起来，然而，这两个哲学家对意向性的立场都显然是传统规范性的，他提议可以用维特根斯坦的自然主义来调和两者。

　　国内对弗雷格涵义问题的讨论也非常多，在这方面比较有影响的学者有华南师范大学的陈晓平、清华大学的王路、北京大学的陈波和周北海、中山大学的任远等。20 世纪 80 年代末罗毅就介绍了刘易斯（David K. Lewis）、卡尔纳普以及克里普克对可能世界理论的应用，以及他们如何借助可能世界理论对弗雷格涵义做了外延化的处理。90 年代末，王路对弗雷格的思想进行过系统介绍和研究。陈晓平一直比较关注弗雷格的意义理论，不断推进对弗雷格逻辑语义理论的解释。周北海

---

① Mohanty J. Husserl and frege［M］. Bloomington：Indiana University Press，1982.

② Haddock G E R. A Critical Introduction to the Philosophy of Gottlob Frege［M］. Aldershot：Ashgate Publishing，Ltd，2006.

③ Mcintyre R. Husserl and Frege［J］. Journal of Philosophy，1987，84（10）：528-535.

④ Sokolowski R. Husserl and Frege［J］. Journal of Philosophy，1987，84（10）：521-528.

提出了一种解决弗雷格之谜的方案。陈波也对弗雷格的思想理论发表了自己的看法。何朝安对弗雷格的涵义作了形而上学方面的解释，等等。下面对这些工作作简要介绍和综述。

王路可以说是国内较早也是唯一全面系统地介绍弗雷格思想的学者，对弗雷格的主要成就，诸如概念文字、涵义和指称①的区分、概念和对象的区分、算术基础以及语言哲学和本体论等，进行了详细的论述，并且特别强调了弗雷格关于涵义和指称的区分。② 他认为弗雷格研究哲学的方式是从语言出发来探讨语言所表达的东西，因而理解现代逻辑对于理解弗雷格非常重要。因此，对语言的句法描述非常重要，比如弗雷格当时还没有内涵逻辑、条件句逻辑等后来才发展出来的逻辑工具，但弗雷格对信念语句、各种从句、指示词等的句法、语义分析也表明他已经觉察到了这些问题的存在，并认识到仅用一阶逻辑处理繁杂的语言现象是有困难的。③ 在这种研究基础上，王路提出了一种句子图式，认为这种图式可以作为一种具有普遍性的语言分析的途径和方式，它的功用在于表明：语言与语言所表达的东西是不同的。④

陈晓平一直很关注对弗雷格意义及命题理论的研究，认为弗雷格的意义理论是关于语言符号的，对三种语言符号（即专名、谓词、句子）的意义及其在不同语境中的变化进行了讨论。⑤ 弗雷格的意义理论面临一些理论困境，如句子的指称问题和谓词的定义域问题。他认为弗雷格把句子的真值视同句子的指称是错误的，应该将句子所对应的事件视同

---

① 王路将 sense 翻译为意义，将 reference 翻译为意谓，并详细讨论了这样翻译的理由。这两个词德文为 Sinn 和 Bedeutung，关于其英文翻译有许多争论，关于其中文翻译也有许多争论。本书按照现在大多数学者的用法采用以下翻译：Sinn/sense——涵义，Bedeutung/reference——指称或所指。

② 王路. 弗雷格思想研究［M］. 社会科学文献出版社，1996；王路. 世纪转折处的哲学巨匠：弗雷格［M］. 社会科学文献出版社，2002.

③ 王路. 涵义与意谓——理解弗雷格［J］. 哲学研究，2004（7）：65-71.

④ 王路. 句子图式——一种弗雷格式的解释方式［J］. 求是学刊，2014，41（5）：34-44.

⑤ 陈晓平. 符号的涵义与指称——简评弗雷格的意义理论［J］. 华南师范大学学报：社会科学版，1997（5）：24-31.

句子的指称。① 弗雷格主张，谓词的指称即概念是有空位的和不完整的，而专名的指称对象是完整的个体，这意味着两种词类的指称对象严格不同，而这引起了一些严重困难，比如概念悖论。陈晓平论证，谓词在语言形式上是不完整的，然而它的语义——无论是涵义还是指称——却是完整的。② 针对在一些情况中相同真值的句子不能保值替换的问题，弗雷格区分了直接语境和间接语境。陈晓平却认为，这种区分对于解决这一问题是不够的，他建议将弗雷格的一个重要论题，即句子的直接指称是其真值，修改为：句子的指称不是真值，而是它所对应的事件。③ 在弗雷格和罗素的语义学理论基础上，陈晓平认为描述词（即摹状词）呈现为三层语义结构，即描述词（涵义）—名称—对象（指称），而命题呈现为二层语义结构即命题（涵义）—事态（指称）。④ 弗雷格的语境原则认为，语句是语义的基本单位，语词只有在语句语境中才能获得意义。因此，语句在弗雷格的语义理论中具有重要作用。语句到底是什么，弗雷格与罗素是有重要意见分歧的。陈晓平综合了两位哲学家的立场，对其各有取舍，最后认为：罗素的"命题意向"是多余的概念，且意向是个心理学对象，建议把命题的语法意义作为其涵义，把命题（语句）的指称看做事实而非真值，命题通过信念或判断等命题态度将其涵义指向事实，真值则是命题和事实间的一种关系。⑤ 延续他以前的工作，陈晓平重新界定了弗雷格一些重要区分，如将语句的涵义和指称分别改为语法意义和事态。同时，他还区分了指称对象和

---

　　① 陈晓平. 句子的指称与谓词的定义域——对弗雷格意义理论的一些改进 [J]. 广西大学学报（哲学社会科学版），1998（2）：19-24.

　　② 陈晓平. 弗雷格的概念悖论及其解决 [J]. 自然辩证法通讯，1998（4）：1-8.

　　③ 陈晓平. 关于弗雷格的语境分析的评析 [J]. 广西大学学报（哲学社会科学版），2000（1）：7-12.

　　④ 陈晓平. 从摹状函项和命题函项看涵义指称问题——兼评弗雷格和罗素的意义理论 [J]. 科学技术哲学研究，2012，29（2）：1-7.

　　⑤ 陈晓平. 罗素的"命题"与弗雷格的"语句"之比较 [J]. 哲学研究，2012（4）：82-88.

指称意向，并将指称意向定义为涵义和语境的结合；区分了语法意义和认识论意义，于是，思想的客观性问题转为语法意义的客观性问题，这体现了语言共同体成员的主体间性。① 陈晓平对弗雷格谓词理论的批判有了进一步发展，认为：行使谓词功能的谓词有空位而无指称，行使主词功能的谓词无空位而有指称，它们分别是一个命题集合和相应的序偶集。②

　　陈晓平对弗雷格的语义理论进行了细致研究，并提出了改进建议，不过，陈晓平的一些失误也是明显的，例如：他在讨论语言表达式（特别是句子的一部分）时，将语言的表面形式等同于所表达的思想的真正的逻辑形式，而忽略了其提出的理论在本体论上的复杂性；弗雷格的重要创举就是把谓词形式化为谓词函项，作为关系的谓词因而是不完整的（需要关系项填充），而陈晓平却把函项转变为句子集合，把问题复杂化了。因为将这种处理用在逻辑系统中，可能会十分不方便，还忽略了弗雷格关于对象与概念的重要区分。陈晓平对弗雷格的改进，有使他最终倒向直接指称论的嫌疑。

　　陈波认为逻辑学家所持的意义理论甚至决定了其眼界，这导致了对不同逻辑类型的认同。如，把所指或外延作为语言表达式的意义，就会导致外延逻辑（如经典一阶逻辑）；认为语言表达式的意义不仅包括外延还包括内涵，并且认为内涵决定外延，就会认同内涵逻辑。如果认为最重要的不是语言表达式在通常情况下的内涵和外延，而是在具体语境中所表达的具体意义（也即语用意义），则会得到自然语言逻辑。陈波认为这三者的关系是，每一个后者都预设了前者，但又都有了前者所不具有的新内容，因为其要解决前者所不能解决的新问题。③ 陈波认为，弗雷格对逻辑和数学中的心理主义的批判并不具有摧毁性。弗雷格提出

————————

　　① 陈晓平. 论语句的涵义与指称——对弗雷格的涵义—指称理论的一些修正 [J]. 自然辩证法研究, 2013 (4)：14-20.

　　② 陈晓平. 论谓词的涵义与指称——兼评弗雷格的涵义—指称理论 [J]. 河北学刊, 2015 (3)：1-7.

　　③ 陈波. 专名和通名理论批判 [J]. 中国社会科学, 1989 (5)：129-145.

了替代性方案"第三域"（物理世界和主观心灵之外的实在领域），想用研究对象（如概念、思想、真值、数等）的客观性来确保逻辑或数学规律的客观性。陈波认为这种方案面临着严重困难，不但是因为弗雷格本人没有完全说清楚，而且就是弗雷格已经说清楚了也面临困难，因此，这种方案并不能阻止心理主义的复兴。①

弗雷格给出了后来被称为"弗雷格之谜"的标准解答，也即涵义与指称的区分，周北海认为这一谜题产生于直接指称论的哲学立场，而弗雷格的解答方案存在缺陷，即只有语言层面的理论，而没有认知层面的理论。周北海提出了一种新方案，即增加有关概念的理论，也就是以概念、内涵、涵义等的形式刻画为中心的形式语义学，或者又称为概念语义，进而重新回答"弗雷格之谜"。②

任远比较了弗雷格和罗素在处理单称词项的语义值方面的分歧，他认为弗雷格区分了涵义和指称，这种二层次意义理论的基础是数学—逻辑哲学；罗素指称理论的出发点则是以"亲知原则"为典型特征的认识论。③ 他认为限定描述词的指称性使用和归属性使用的区分是语义性质的还是语用性质的，至今仍无定论，建议用彻底的索引词解释来分析描述词的指称性使用中的语义行为。④ 他还考察了语义学相对主义的基本动机和技术手段，并比较了麦克法兰式的激进相对主义语义学框架和卡普兰式二维语义方案，解释了如何为相对主义的真概念提供实质性的说明。⑤

此外，还有非常多的人关注过弗雷格的涵义理论，本书在广泛考察这些文献的基础上，去繁就简地介绍其中几篇比较有代表性的论点。例

---

①　陈波. 弗雷格的反心理主义及其困境（初稿）［C］//中国现代外国哲学学会. 第二届分析哲学讨论会文集，2006.

②　周北海. 概念语义与弗雷格迷题消解［J］. 逻辑学研究，2010，3（4）：44-62.

③　任远. 弗雷格式思想与罗素式命题［J］. 学术研究，2008（9）：28-33.

④　任远. 摹状词的使用与语义学的边界［J］. 自然辩证法研究，2009（6）：19-24.

⑤　任远. 相对主义的成真条件语义学［J］. 哲学动态，2015（12）：99-105.

如：徐明明认为涵义不是独立自在的，而理解表达式的涵义就是恰当地使用表达式，可通过替换、定义或约定改变表达式的用法，但不能改变特定用法下的表达式的涵义。① 张妮妮认为涵义虽不同于表象，但也不像指称那样脱离主体，弗雷格所谓的涵义应该是人们所拥有的既成知识，是公众的。她还强调从逻辑角度看弗雷格的各种区分，不应把弗雷格的意义理论看做是实在论的，理由是：弗雷格肯定指称存在是出于逻辑必须而非实际感受；弗雷格的"对象"代表了逻辑上的满足性，是逻辑上的形式规定；传统从表象确定对象，弗雷格则从逻辑的独立性确定对象，比如数的独立性就表现在它在句子中的非谓语的逻辑位置。② 朱志方则参照经验知识理论构建了一种意义理论的新思路，他认为关于语言符号的意义的陈述是经验陈述的一个种类，而不是一种分析陈述。语言符号的含义和指称与我们获得经验知识的方式相联系，它们之间的关系是一种符号学的循环。③ 史习介绍了当代英国哲学家埃文斯的涵义理论，认为其理论一方面是对弗雷格的直接继承，另一方面又借用了罗素的意义观点，将涵义从主观性的角度重新界定，这种涵义理论凸显了"信息"的重要性。④ 马明辉介绍了范恩的语义关联论，及其解决"弗雷格之谜"的方法。⑤ 李高荣认为弗雷格对语言的分析包含结构分析和语义分析两个层面，并且这两种分析是平行的、对称的；他还认为对象和概念是用来说明世界和语言的共同逻辑结构的，涵义和所指则是用来表达语言与世界间的指称关系的。⑥

① 徐明明. 论弗雷格的概念学说 [J]. 哲学研究, 1998 (1)：78-81.

② 张妮妮. 弗雷格前后期意义理论比较研究 [J]. 中共宁波市委党校学报, 2002, 24 (5)：33-36.

③ 朱志方. 语言符号、意义和经验知识 [J]. 武汉大学学报 (人文科学版), 2003, 56 (5)：517-522.

④ 史习. G. 埃文斯涵义理论述评 [J]. 自然辩证法通讯, 2008, 30 (2)：28-32.

⑤ 马明辉. 论广义弗雷格谜题 [J]. 哲学研究, 2012 (1)：106-112.

⑥ 李高荣. 弗雷格语言哲学中的两对概念论析 [J]. 武汉理工大学学报 (社会科学版), 2013, 26 (6)：1027-1031.

　　在国内关于弗雷格的专著很少，除了王路所做的工作，还有郭泽深和杨海波两位学者的专著。郭泽深细致地探究了弗雷格逻辑哲学思想和现代数理逻辑思潮，思索了现代数学基础问题、数学哲学问题和现代数理逻辑的哲学意义。① 杨海波则对弗雷格算术哲学思想做了历史性研究，讨论了弗雷格的基本哲学倾向、逻辑主义以及分析性观念及分析悖论的影响。② 李忠伟对弗雷格与胡塞尔做了比较研究，主要是对胡塞尔的意向性概念做了弗雷格式解读，并讨论了这种做法的后果。③

　　关于涵义的形而上学方面，复旦大学博士何朝安做了独特的研究，认为涵义在形而上学上具有的实在性特征，应该是其相应的语义学、认识论和心理学特征的基础。他通过分析涵义概念与可能性概念之间的内在联系，探讨了以可能世界概念来刻画涵义在理论上的可行性；但认为现有的可能世界理论均不能满足其要求，于是他提出了关于可能世界的"河流图景"，并论证这种可能世界具有实在性。以此为理论基础，他做出了将涵义在形而上学上还原为可能世界的构件的尝试。④ 何朝安与刘小涛反对自然化意义理论的立场。他们考查了两种抵抗自然化意义的思路，但认为这两种思路都有缺陷。他们提议应该将自然化的内容语义理论和自然化的自然语言意义理论区分开来，基于娄鸥（Loewer）对自然化内容语义学失败模式的分析，他们试图论证，自然化意义理论也会遭遇同样的失败模式。⑤

　　也有其他若干篇博士论文与弗雷格的涵义理论或相关的意义理论密切相关。比如郭建萍讨论了真与意义的关系问题，认为 20 世纪真与意

　　① 　郭泽深. 弗雷格逻辑哲学与现代数理逻辑思潮 ［M］. 北京：中国社会科学出版社，2006.

　　② 　杨海波. 弗雷格的算术哲学 ［M］. 武汉：湖北人民出版社，2012.

　　③ 　李忠伟. 回到现象学的意向性理论——胡塞尔与弗雷格分道而行 ［M］. 北京：中国政法大学出版社，2013.

　　④ 　何朝安. 涵义的形而上学研究 ［D］. 复旦大学，2012.

　　⑤ 　刘小涛，何朝安. 从动物语言到人类语言的进化？ ［J］. 哲学动态，2010（6）：63-69；刘小涛，何朝安. 意义理论可以自然化吗？ ［J］. 哲学研究，2014（9）：80-86.

义之争主要表现为"真与意义的融合论"和"真与意义的分离论"之争，郭建萍分析认为这种争论产生是源于：首先，对"真"界定不清，有各种不同理解；其次，二者的逻辑基础的不同。① 周允程认为弗雷格的信念理论不能解释第一人称信念问题，因为构成第一人称信念内容的命题的真值是随时间、地点和人称不同而变化的。佩里和刘易斯对弗雷格理论进行的修正分别表现出了罗素哲学倾向，如：佩里在本体论上接受了罗素的单称命题，刘易斯则在认识论上认同于罗素的亲知关系。周允程认为罗素哲学倾向不能解释信念的本体论意义，斯塔尔内克则不同，他维护弗雷格信念理论立场，对命题概念进行了形而上的分析，并提出了命题的逻辑构造理论，建立了命题概念分析模型，在斯塔尔内克的命题理论中，第一人称信念内容得到了形而上的解释。② 郭燕介绍了露丝·密立根（Ruth Millikan）对意义的自然化方案，即生物语义学。③ 杜建国站在语境论立场，通过综合运用现象学和分析哲学的传统，考查了意义理论中的一些重要概念，如意向性、涵义与真等。④ 谭力扬讨论了对科学理论的一种广义语义学分析，即科学理论的诠释研究，认为当前的研究经常陷入两种"迷雾"中，即：认为科学理论只是对局部经验现象的拟合与基于这种拟合的不可靠推测，认为科学理论的可靠性只能由经验科学成果（如心理学、认知科学、社会科学等）提供辩护；谭力扬认为"迷雾"源于混淆了语义学现象和语义学基础，理论语义学应给出理论表达的充要条件，其中，恰当表达了外部世界的科学理论的结构形式与被表达项同构只是必要条件，其充分条件应要能解答同构性"何以可能"这样的先验问题；否则，相关断言不过是语义学现象。谭力扬认为，科学理论诠释模式应该是一种语义学-形而上学式研究，也就是理论语义学研究，包括对"真"本身的研究，以及对使陈述句指称真值的涵义的研究，他认为此种研究与弗雷格的哲学研究纲领非

① 郭建萍. 真与意义的融合与分离之争的逻辑探究［D］. 山西大学，2012.

② 周允程. 第一人称信念的哲学研究［D］. 清华大学，2008.

③ 郭燕. 思想与语言的自然化［D］. 复旦大学，2011.

④ 杜建国. 语言、意向与存在［D］. 山西大学，2007.

常接近。①

　　综上所述，已有的研究都基本认可弗雷格区分涵义与指称的重要性，对涵义从语义学、心理学、认识论上也多有讨论，对涵义的形而上讨论也有一些尝试。这种形而上讨论其实是关于语义学的一种元讨论，也就是元语义理论。现在学界的基本理论倾向是，或者将涵义作为语义学概念，因为传统语义学是规范的，因此也倾向于认为涵义具有规范性；或者拒斥将涵义看做语义学概念，认为涵义不过是语用概念，因此也就不在逻辑语义学的讨论内。然而，如前述文献介绍到的，已经有相当一部分学者认识到，规范性概念常与先验的、超验的、柏拉图式的、纯粹理性的等神秘实在世界相联系，因此面临着涵义如何与具有因果闭合的人类肉身发生关系的难题。基于这种理论困难，已有不少学者开始另辟蹊径，探索规范性概念或许并不排斥自然主义，从而找寻解决这个认识论上的难题的方案。涵义作为逻辑语义学中的重要概念是被反复重申的，也是推进逻辑学不断发展的重要动力。因此，不能轻易将涵义处理为语用概念以回避困难。然而，不再固执地坚持涵义的神秘存在地位，而是接受更有解释力的自然主义本体论立场，在坚持涵义作为语义概念的前提下，对弗雷格式涵义②在元理论层面做出自然主义的解释也未尝不可。

---

　　①　谭力扬. 科学理论诠释的语义学——形而上学研究［D］. 复旦大学，2012.
　　②　这里所谓的弗雷格式涵义（Fregean sense），就是特指弗雷格提出的涵义概念，他对这个概念有其独特用法，这种用法对应于其涵义理论背后蕴含的弗雷格主义，包括其逻辑主义立场和数学柏拉图主义立场。

第二章　涵义对语言意义的必要性

第一节　弗雷格之谜

弗雷格在其著名论文《论涵义与指称》开篇就讨论了这样的问题：相等是某种关系吗，是对象间的关系还是对象的名称或符号的关系？他举了若干例子来阐释这个问题，比如，a＝a 和 a＝b 显然是两种具有不同认知价值的陈述，前者是先验的、分析的，后者则有效拓展了我们的知识，因而不能说是先验的。那么，是什么使得这两个等式具有了不同的认知价值呢？另一个相关的问题则表现在不透明语境①中逻辑同一替换律②的失效，比如：

> 前提1：小明知道长庚星是金星。
> 前提2：长庚星就是启明星。
> 结论：小明知道启明星是金星。

这个推论是无效的，因为小明或许并不知道长庚星与启明星是同指

---

　　①　不透明语境有时又称为内涵语境或间接语境，指所讨论的句子中存在间接引语、不定指示词（有人翻译为索引词）、模态词、时态词或命题态度词等的情况，在表示信念（如相信、知道）的命题态度词的情况下一般称为信念语境。与之对应的是透明语境或外延语境。
　　②　根据同一替换律，如果两个表达式具有相同的指称（或真值），那么就可以在语句中将它们相互替换而不改变原来语句的真值，这有时被称为保值替换原则。

同一颗行星。逻辑推理中的重要原则同一替换律为什么会在这样的信念语句中失效呢？

这就是所谓的"弗雷格之谜"，"弗雷格之谜"这种说法最早出自丘奇（Alonzo Church）。① 克里普克专门讨论过信念语境的等值替换问题，将其称为信念之谜。"弗雷格之谜"的产生一方面跟相等关系的逻辑分析有关，另一方面又跟在不透明语境下如何运用同一替换律有关。相等关系对于弗雷格十分重要，不仅是构建其逻辑系统的基础，也是他将算术还原为逻辑这项伟大工程的始基（暂不论其成败）。弗雷格建立其逻辑系统的一项重要创见，就是摆脱亚里士多德逻辑主谓二分的桎梏，将数学中的函数概念引入逻辑系统中，用主目和函项这样的数学工具来分析日常语言句子的逻辑结构。在这种对数学函数的借鉴中，相等关系是基础，因为带等号的函数与不带等号的函数是非常不同的，如 $x-1$ 与 $x-1=0$ 的差别，在"$x-1$"中不论 x 取什么值这个表达式是没有真假的，"$x-1=0$"在 x 取不同值的时候则有真假，而逻辑推理中的命题必须是有真假值的。"等式的语言形式是一个断定句"，"通过引入'$=$'，就可以谈论句子，从而从数学语言过渡到一般的语言"。② 那么，相等关系的本质是什么呢？此外，弗雷格的逻辑系统是外延逻辑，弗雷格已明确意识到在间接引语中不能直接运用同一替换律，那么怎么处理这种情况呢？在《论涵义与指称》一文中，弗雷格专门讨论了这两个不同又密切相关的问题。

弗雷格本人对这个问题有一个标准解答，并为后来许多人认可，也成为弗雷格思想中的经典理论，也就是其涵义理论。这涉及弗雷格的一项重要语义区分，即涵义和指称的区分。既要保证 $a=b$ 这个等式成立，

① 陈星群考证了"弗雷格之谜"的出处，认为"丘奇重提弗雷格提出的问题，将其表述为'如果 $a=b$ 是真的，怎会与 $a=a$ 的意思不同'，并称之为'弗雷格问题'（Frege's question），随后又称之为'弗雷格迷题'（Frege's puzzle），这应该是'弗雷格迷题'这一用语的首次出现"。（陈星群. 弗雷格迷题的无解性 ［J］. 湖南科技大学学报：社会科学版，2014（3）：3）

② 王路. 弗雷格思想研究 ［M］. 社会科学文献出版社，1996：89.

又要能解释上述两个等式认知上的不同，弗雷格对此的分析和论证思路是：如果相等关系仅仅是名称 a 与 b 指称的对象相同，那么两个等式就会没有什么不同。那么只有两种可能来解释这个谜，第一种可能是"来源于 a 与 b 这两个符号不同"，第二种可能"来源于 a 和它所指称对象的关系与 b 和它所指称对象的关系之间不同"（虽然它们指称共同的对象，这是 a＝b 成立的条件）。如果 a＝a 和 a＝b 在认知上不同是由于 a 与 b 这两个符号不同，那么，由于 a 与 b 这两个符号显然认知上确实不同（不管是发音还是形状还是在字母表中的位置），那么 a＝b 成立的话就需要约定；否则的话，这个等式就必然不成立。然而，a＝b 成立并非由于纯粹的约定，否者的话就可以任意约定两个符号相等，这样做是毫无意义的。因此，这个等式成立只能是由于 a 和 b 指称同一个对象。于是，不能用"a 与 b 这两个符号不同"来解释认知上的不同，只能用"a 和它所指称对象的关系与 b 和它所指称对象的关系之间不同"，也就是用"a 和 b 与其所指称的共同对象的对应关系有所不同"来解释这种认知差异。简而言之，仅由语言符号所指称的对象本身或者语言符号本身都不能解释"弗雷格之谜"。由是，弗雷格提出，对于有同一指称对象的语言符号，它们之间的差异只能体现在：与不同的语言符号相对应的指称对象的呈现方式的不同。在弗雷格看来，这种指称对象的呈现模式（the Mode of Presentation of the Thing Designated）① 或语言符号的指称方式（Its Mode of Designation）就是语言符号所表达的涵义。

语言表达式不但能够指称其对象，还能表达其涵义。例如：a 与 b 有共同的指称对象使得 a＝a 和 a＝b 两个等式都真，但 a 与 b 分别是同一指称对象的不同呈现方式，或者说 a 与 b 指称同一对象的方式不同。简而言之，a 与 b 的涵义不同使得 a＝a 和 a＝b 具有了不同的认知价值，这就是弗雷格对相等关系问题的分析和解答。同一替换律在外延逻辑中

---

① 对 Mode of presentation 国内有不同的翻译，如陈晓平（1998）将其译为"对象的表达方式"，并认为"涵义具有认识论价值，指称具有本体论价值"。王路（2006）则译为"给定方式"。本书采用更常见的翻译——"呈现模式"。

是普遍有效的，但这种逻辑不能很好地处理有命题态度的语句。前文那个推论之所以无效从语义直觉上是因为：长庚星与启明星虽然都指称金星这同一颗行星，但是它们的涵义不同，小明虽然知道长庚星是金星的一种呈现模式，但可能并不知道启明星是金星的另一种呈现模式，因此不能作出上述那样的推论。弗雷格的相关语义理论是，在间接引语中语词不再有它们通常的指称，此时它们指称的是通常作为其涵义的东西。也就是说，在"小明知道长庚星是金星"与"小明知道启明星是金星"两个信念语句中，"长庚星"与"启明星"两个专名具有间接指称，指称的是其通常的涵义，而这两个语词的通常涵义并不同，因此不能进行替换。就目前的讨论来看，弗雷格的方案可以简便地解释上述两个疑难。

然而事情并非这么简单，否则也不会成就"弗雷格之谜"一说，特别是克里普克在其名著《命名与必然性》中论证了自弗雷格和罗素以来将专名的涵义等同于其相应的描述词（或描述词簇）的方法是行不通的，人们无法确切地讨论专名的弗雷格式涵义到底是什么。因此，他建议取消弗雷格的涵义理论，并认为专名的唯一意义就是其指称，专名是他所谓的严格指示词，具有跨世界同一性。① 此外，为了弥补只把指称对象看做专名的意义所留下的语义直觉上的缺憾，克里普克还用因果—历史指称论重塑了专名的指称论②，这一建议得到了不少人的赞同。然而取消涵义就会使弗雷格对上述疑难的解释失效，于是关于如何解释 a=a 和 a=b 具有不同认知价值，以及间接语境中如何进行保值替换重新成为问题，有些人坚持弗雷格的道路，另一些人则着力于开辟新道路。许多方案被提出来受到学界检视，但被认为都不甚完满，相关疑难就成为名副其实的"弗雷格之谜"。

随着探究的深入，学界也越发意识到弗雷格当初所面临问题的基础

---

① 这是克里普克的著名论题，即专名在任一可能世界都是指称同一对象。

② 专名的指称论属于指称论的论域，讨论的是如何看待专名和它所命名的对象间的关系，比如是因果性的关系还是其他关系，中国传统思想中关于这个问题也有讨论，比如所谓的"指不至"，就是讨论的指称问题。

性和重要性，人们不但思索了各种解决谜题的可能方案，也对问题本身进行了挖掘和重塑。一般认为弗雷格之谜与相等关系（等式或等词等）密切相关，因此，有时候这个难题又被称为弗雷格关于相等的谜题①，围绕着这个基本谜题还发展出了弗雷格之谜的各种版本，比如语义版本等②。萨蒙则认为弗雷格之谜与逻辑上的等词或等式并没有那么密切的关系，因为不但等词会产生弗雷格之谜，其他不少谓词也同样会产生弗雷格之谜，他认为弗雷格之谜本质上是关于命题的认知信息内容的。另外，克里普克拒绝弗雷格式涵义后，其指称论难以处理信念（间接）语境中的同一替换问题，从而产生了所谓的信念之谜，其实它不过是弗雷格之谜的克里普克式变形罢了。③

第二节　直接指称路线与间接指称路线之争

弗雷格之谜之所以演变为谜题，与克里普克对弗雷格涵义理论的反驳密切相关，因为他似乎切断了弗雷格式解决谜题的路线，甚至可以说，"弗雷格之谜是产生于直接指称论哲学立场的谜题"④。自从克里普克以来，如何看待和解决弗雷格之谜愈加呈现出对立的两种立场，也就是所谓的直接指称路线与间接指称路线之争。人们一度认为弗雷格和

---

①　根据萨蒙对弗雷格之谜的分析，他并不同意传统的看法。虽然，这个问题并不是弗雷格解答相等关系的本质的问题，也就是说，他并没有认为指称和涵义都相同的符号才能画上等号，对他来说，指称相等就足够了；但是，在回答另一个重要问题，即同一替换律的时候，他确实运用了涵义和指称相区分的理论。所以，同一的、相等的关系对于这个谜题还是根本重要的。（Salmon N. Frege's Puzzle ［M］. Cambridge MA：MIT Press，1986：12）

②　因为弗雷格之谜表现的多样性，马明辉（2012）甚至提出了广义弗雷格之谜的说法，周北海（2010）、陈星群（2014）都提及了不同版本的"弗雷格之谜"。

③　叶闯（2010）将"弗雷格之谜"和"信念之谜"（克里普克之谜）的解决方案进行了共同的探讨。

④　周北海．概念语义与弗雷格迷题消解［J］. 逻辑学研究，2010，3（4）：44.

罗素对专名涵义的看法是一致的，即专名的涵义就是相应的描述词或描述词簇，然而这两条路线之争有时又被称为"弗雷格路线和罗素路线之争"，这是有理由的。①

对于专名来说，弗雷格区分出语言符号、涵义和指称三个层次，认为专名的意义除指称对象外，还包括涵义，并进一步将这种区分运用到对所有语言表达式的分析；罗素则认为真正的专名（即逻辑专名）的意义就是其指称，这一看法继承了英国经验论者密尔的观点，但对密尔的观点进行了改进，即认为一般意义上的专名（如人名、地名等）只是缩略的描述词，并非真正的专名，真正的专名只有逻辑专名（"这""那"等少数几个指示词）。专名是针对于谓词而言的，弗雷格关于此也提出了著名论断，即专名是完全符号（完整的、没有空位的），谓词的本质即在于它是逻辑上的不完全符号（不完整的、带有空位的）。弗雷格将所有指称唯一对象的名称或限定描述词都看做专名，即逻辑上的完全符号；罗素则相反，认为名称和限定描述词都并非逻辑上的完全符号，并且完全符号是直接指称没有涵义的。

弗雷格与罗素的这一分歧不仅体现在对专名意义的看法不同，更深刻地体现在对命题本质的看法不同。罗素认为进入命题的是语言表达式指称的事物本身，弗雷格认为进入命题的不可能是事物本身，而是语言表达式表达的思想。弗雷格跟罗素探讨了对于一个命题，如"勃朗峰高一千多英尺"中的"勃朗峰"的意义是什么，罗素认为是勃朗峰那个实实在在的山峰，弗雷格则认为是这个命题意义中的一部分。

将函数引入逻辑学之后，对于弗雷格来说，谓词就成了谓词函项；罗素则提出了描述函项和命题函项，其中描述函项对应于数学中不带等号的函数表达式，命题函项对应于带等号的函数表达式，罗素的命题函项就相当于弗雷格的谓词函项。前面讨论过等式对于弗雷格借鉴函数讨

---

①　克里普克就认为弗雷格和罗素都认同专名的意义就是其对应的描述词，他对弗雷格涵义理论的批评就基于这种观点。另外，许多教科书也沿袭了这种观点，比如 Devitt M 和 Kim Stereley 的 *Language and Reality*（1999）。何朝安（2012）采用了弗雷格路线和罗素路线的说法。

论自然语言句子的重要性，即通过等号才能把函数扩展到一般句子。虽然两人在技术上都特别同意对数学函数的借鉴，并且形式化的路子也是一致的，但两人的语义解释却分歧显著。弗雷格认为谓词是其函项值为真值的函项表达式（也即谓词函项的语义值是真或者假），这也对应了弗雷格将句子的指称看做真值的观点；罗素则认为命题函项的语义值就是命题。而这分歧的背后依然在于，语言符号和其指称之间是不是有涵义这样一个"中间物"。

取消涵义就要重新解答弗雷格之谜，保留涵义则面临着解释清楚什么是涵义。这两条路线各有坚守者，前者就是直接指称论者，"直接指称"这个术语源于卡普兰，而克里普克、唐纳兰等人都表达了鲜明的关于专名的直接指称论立场，其早期代表是罗素，20世纪六七十年代新指称运动兴起后，克里普克、唐纳兰、卡普兰、普特南、萨蒙等人都表示反对弗雷格的涵义理论。后者以弗雷格为开创者，后续代表性的人物还有斯特劳森、塞尔、丘奇、戴维森等。

一、直接指称路线：意义即指称

直接指称论又称指称主义、指称意义论或指称实在论，它们的核心论题是：将专名的意义等同于（通过各种命名关系确定的）专名所代表的对象或外延。这种指称论在近代源于密尔的逻辑体系，密尔分析了名称和命题这两个逻辑中重要的概念，强调名称只是事物的名称而非观念的名称，这将直接指称论与观念论区分开来。密尔区分了内涵名词与非内涵名词，前者指称事物又蕴含事物所具有的某种或某些属性，既有指称又有内涵，如通名，且其内涵决定了其指称，然而内涵通常是模糊不清的；后者只指称个体没有内涵，专名就是典型的非内涵词项，且专名必须有指称，否则就不能说是专名。"只有对象而没有内涵的名称就是专名，严格地说，它们是完全没有意义的"①，对于密尔来说，专名

---

① ［英］约翰·斯图亚特·穆勒. 逻辑体系［M］. 郭军武，杨航，译. 上海交通大学出版社，2014：34.

就是专门的名字。关于命题，密尔认为命题不是对关于事物的观念的断定，而是对事物本身的断定，是确定事物的性质（或现象间）是否有相继的关系或共存的关系。在形式上，命题由主词、谓词和系词三个部分组成，而所谓"真"就是真命题。

罗素继承了英国经验论的传统，也继承了密尔的直接指称论。罗素在借鉴函数形式化自然语言时，提出了"描述函项"这个概念，于是就得先讨论清楚什么是描述词。他认为描述词可以分为两种——限定的和非限定的；前者是"那个如此这般的东西"形式的词组，后者是"一个如此这般的东西"形式的词组。他特别强调限定描述词和专名的区别。如：名字是简单的符号，所谓"简单"是指其部分不能再进行分解成有意义的部分，复合符号构成的限定描述词不能称为名字。而专名的意义只能是作为主词出现的东西，也就是说专名的意义就是它所代表的东西。罗素明确地定义了名字和描述词："名字：一个名字乃是一个简单的符号，直接指称一个个体，这个个体就是它的意义，并且凭它自身而有这意义，与所有其他的字的意义无关；描述词：一个描述词由几个字组成，这些字的意义已经确定，描述词所有的意义都是由这些意义而来。"① 显而易见，这是从构词法对名字和描述词进行了区分。

那么，如何理解"鲁迅是鲁迅"与"鲁迅是周树人"的不同呢？前者是自明之理，后者是文学史实。依据罗素的解释，在这种情况下，这两个名字都是用作描述词，也就是说，个体并没有被指称而是被描述为具有那个名字的人。罗素强调要区分语言符号和语言所表达的东西，认为语言符号只是媒介，并不包含在我们所要表达的东西里。那语言所表达的是什么呢？罗素认为是事实。其实，这里罗素区分了名字的两种用法：第一，名字只做名字使用，这时名字这个语言符号不包含在所表达的东西中，即不是命题的一部分，只有它所指的被命名者才是所表达的东西，才是所断定的内容。第二，名字作为被描述具有那个名字的，

---

① Bertrand Russell. Descriptions［C］// Martinich Aloysius. The philosophy of language，3ʳᵈed. Oxford：Oxford University Press，1996：211.

这时名字本身也成了论断（也即命题）的一部分；而只要我们把名字用作名字，那么"鲁迅"与"周树人"就与我们所断定的（即命题）无关。即是说，如果把"鲁迅"与"周树人"都作为名字，那么"鲁迅是鲁迅"与"鲁迅是周树人"这两个断定没有不同。因此，在这种情况下，"鲁迅"与"周树人"不是作为名字而是作为描述词被使用的。但是罗素自己也承认如何区分这两种使用是缺乏任何标准的，"在表达方式上没有任何东西表明它们是这样被使用的还是作为名字被使用的"。罗素的描述词理论认为，"存在"只有用于描述词时才有意义，但我们似乎可以讨论荷马是否存在，所以，他断定"在所有能用文字表达出来的知识中（'这个''那个'及其他少数几个字除外，因为这些字的意义在不同的情形下可以改变），严格来说，没有一个名字出现；而看来似乎是名字的其实都是描述词"。① 对于罗素而言，他强调在命题的分析中，不能承认"不实在"的东西，而真正的逻辑专名"这个""那个"在不同的情况下具有不同的意义，正是因为它们直指不同的实在对象，才能够进入命题进行分析。

早期维特根斯坦也有赞同直接指称论的倾向，但这一点不是十分确定。他早期的逻辑原子主义和图像论就显示出这种倾向，他将命题中用到的简单符号称为名字，认为名字是一种初始指号，不能继续分析下去。关于名字的意义，他主要讨论了两个方面，一方面是名字与其指称对象的关系，另一方面是名字与其所在命题的关系。他认为，"名字意谓对象。对象是其意义（meaning）"②。对象只能被命名，从而我们可以谈论对象，但是对象本身并不进入语词，也即他强调要区分语言符号本身与对象本身。虽然名字意谓对象，但要讨论名字的意义，必须放在它所在的命题中讨论，在命题中，一个名字就是一个对象的表征，而名字的集合也不能表达意义，初始指号（即名字）的意义可通过阐释来

① Bertrand Russell. Descriptions ［C］// Martinich Aloysius. The philosophy of language, 3rded. Oxford：Oxford University Press, 1996：213.

② Wittgenstein L, Pears D F, Mcguinness B F, et al.. Tractatus logico-philosophicus ［M］. London, Boston and Henley：Routledge & Kegan Paul, 1974：203.

说明，阐释就是包括初始指号的命题。那么，命题的意义是什么呢？维特根斯坦打了个比方，说如果将命题指号（也即与命题相应的语言符号）想象成具有空间位置的具体物体，如桌椅等，那么这些事物的空间排列就表达了命题的意义。但是，他又强调，命题并不能表达意义（sense），命题只具有意义的形式，而不具有意义的内容。那什么与意义直接相关呢？他的回答是：事实。只有事实才能表达意义，事实的存在又不在现实世界中，而在逻辑上的可能世界中。维特根斯坦不是从构词角度来讨论名字的，而是从逻辑构造角度来界定名字的。名字一方面指称对象，另一方面又在其所在的命题的关联中呈现其意义，而意义本身不过是事实罢了（非一般意义上的事实，特指维特根斯坦的逻辑事实）。所以说，维特根斯坦虽然有直接指称论倾向，但比较暧昧不明。

逻辑经验主义的主要代表之一卡尔纳普听过弗雷格的课，可以说是比较了解弗雷格思想的，他亲自领教过弗雷格的逻辑分析手段，比如弗雷格用函项来表征谓词从而构建了谓词逻辑。这种逻辑系统的力量对卡尔纳普有很大启发，他早期致力于用现象学语言和形式逻辑重构科学理论，后来又注意到逻辑语义学研究的重要性，但他的语义学研究也是纯形式的。他受弗雷格意义理论的影响，也研究语言表达式的意义。然而，受其经验主义立场的引导，他将意义的研究放在语用学之下，并区分了外延理论和内涵理论，前者包括指称、命名、外延、真值等问题，后者包括内涵、同义性等问题。他对语义和语用的区分与我们当前的区分显然不同。一般认为，他的语义学不是外延语义学，而是一种内涵语义学，理由是卡尔纳普主张先理解语词（或一个语言系统）的内涵，然后才能理解其外延。由此，他反对蒯因的外延论观点。比如：对于一个谓词来说，其内涵就是一个对象为了使说话者愿意把这个谓词运用于它而必须满足的一般条件，对一个内涵的指定是一种经验上的假说，并能够通过观察语言行为来检验。然而，这是他在语用学上的观点。对于逻辑语义学来说，卡尔纳普较早地探讨了模态逻辑及其语义解释，他将表达式的内涵定义为意义函项。这种函项将表达式在每个特定世界中的外延指派给每个可能世界，其实，这是将表达式的内涵同其延扩①等同起来了。卡尔纳普虽然很赞赏弗雷格的哲学逻辑思想，但是在其语义学中，他坚持认为语言表达式同外在世界中的事物只是命名关系，即外延关系，此外无它。

说到可能世界理论，一般会追溯到莱布尼茨，然而，现代哲学对可能世界的探讨则与弗雷格关于涵义和指称的区分有关。就空名而言，弗雷格认为它们只有涵义而没指称，即传统逻辑所说有内涵无外延；然而弗雷格并不认可传统逻辑关于内涵与外延的区分，认为这种区分束缚了逻辑的发展。对此，刘易斯则提出"延扩"和"意谓"来补充传统逻辑中外延和内涵的说法，所谓延扩，不仅包括了现实的事物，也包括了可能的或可想象的事物（也即可能世界的事物）。弗雷格认为，涵义决定指称，而不能反过来。刘易斯的"延扩"与"意谓"却是相互决定的。"对于任何词来讲，它的内涵决定它的延扩；反过来，通过确定所有这些想象的事物的共同特征，以确定它的延扩，同样也就决定了它的内涵。"② 也即是说，给出表达式的内涵就给出了其延扩，给出了表达式的延扩也就是给出了其内涵。这等于说，表达式的内涵决定其在任何可能世界（包括现实世界）中的外延，若如此，延扩（指称）与内涵（涵义）就没有了根本的差别。至此，弗雷格关于语言意义的指称与涵义分层已被忽视。

罗素的描述词理论很有说服力，特别是在分析和确定"当今法国国王是秃子"这类命题的真值时，但其关于专名的看法有违常识，如认为普通专名不过是缩略的描述词。既然普通专名是缩略描述词，那么描述词就反过来成了专名的意义，这就是传统的专名意义的描述词理

---

① 罗毅认为，卡尔纳普用刘易斯的"延扩"来取代弗雷格的"内涵"，并且认为卡尔纳普作为经验论者，不承认弗雷格那种作为抽象"意义实在"的内涵（即涵义）。（罗毅. 现代西方哲学的可能世界理论 [J]. 现代哲学, 1987（3）：68-70）

② 罗毅. 现代西方哲学的可能世界理论 [J]. 现代哲学, 1987（3）：69.

论，然而这种理论面临着各种困难。① 此外，罗素的限定描述词理论蕴含着一种关于名称的指称论，即限定描述词的指称对象就是那个唯一满足描述词所描述特征的对象，这又被称为罗素的指称论。这种名称的指称理论遭到了克里普克的详细反驳，他描述了一种更精细的指称理论，即指称的历史因果论，这标志着新指称运动的兴起。

克里普克否认涵义的作用，并且认为涵义也无法决定指称。他区分了严格指示词与非严格指示词，且认为专名是严格指示词，限定描述词一般是非严格指示词。在此基础上，他提出了有后验综合并且必然的真，如"鲁迅是周树人"即为后验综合且必然的真理。克里普克赞同密尔关于专名的看法，但不赞同他关于通名的看法。一般认为有内涵的通名（如自然种类词），克里普克则认为并没有表达关于那个种类的任何特性，通名并不是字典里定义它们的那些特性的缩写。并且，克里普克认为专名和通名在指称问题上是一致的。根据克里普克的模态逻辑语义学，表达式的内涵就是其在可能世界中的外延的函项，对于严格指示词来说，其外延就是在一切可能世界都指称同一对象，因此其内涵也是固定的。他和卡尔纳普一样，本质上来讲，都是用类似于刘易斯的"延扩"概念取代了传统意义上的"内涵"，也就是根本取消了弗雷格式的涵义概念。

如何挑选出名称或限定描述词的指称对象，还面临着如下难题。考虑这样一个语句"那个杀害史密斯的凶手是丧心病狂的"，在不同的情景下（或同一情景下不同的人）人们对"那个杀害史密斯的凶手"的指称的看法可能是不同的。比如在案发现场警察侦查时看到史密斯惨死的状况，会做出判断，那个杀害史密斯的人不管他是谁，都可以说是丧心病狂；而在法庭审理现场，陪审团的人看着证据确凿的凶手时，当他做出"那个杀害史密斯的凶手是丧心病狂的"这个判断时，那个杀害

① 许多教科书对描述词理论面临的困难有详细探讨，比如，比较突出的困难之一：跟一个对象联系的描述词很多，挑选某个或某些描述词做专名的意义的标准是什么，这个标准是难以确定的。

史密斯的凶手就是指站在被告席上的那个人。由此可以看出，不同情景中，人们对同一限定指示词指称对象的理解可能不同。基于这方面的考虑，唐纳兰划分了描述词的两种功能，即关于描述词指称性用法和归属性用法的区分。上述案发现场就属于归属性用法，而法庭的情况属于指称性用法。所谓描述词的指称性用法是指，说话者使用限定描述词去指称某个东西，并使其听者能够辨认出他在谈论的东西，此描述词对于说话者而言不是必须出现的，他也可以用另一个描述词或名称等其他指称手段来完成同样的指称任务。所谓的归属性用法是指，说话者使用限定描述词述说凡是如此这般的人或东西，显然对说话者来说，这里的描述词是必须出现的，否则就无可归属；而限定描述词是以哪种方式使用则取决于说话者在特定情形下的意向指向。唐纳兰认为其理论补充了罗素的指称论的不足。

卡普兰批判了弗雷格关于涵义和指称的区分，认为这种区分可被引申到所有种类的指示性手段上，被指示的对象就相当于指称对象，指示的方式就相当于涵义。他认为弗雷格的涵义可以理解为：熟练掌握某门语言的听者所领会到的东西，这些听者听到包含有指示词的表述时，所领会到的就是指示的"涵义"。这样的话，语言行为的经验论证就可以证明弗雷格是错误的。卡普兰在一种关于时态的内涵语境中，详细探讨了指称短语的语义特征，并刻画了指示词的指示性用法，这种用法虽类似于唐纳兰的指称性用法，但又大有不同。

卡普兰建议在某种程度上回归"纯粹语义学的黄金时代"，因为"其中语言、意义和世界的诸实在每一个都以恰当的方式彼此分开，而又以很流畅而合意的方式彼此相关"①。这种黄金时代的语义学认为，句子的外延是真值，内涵是命题；谓词的外延是集合，内涵是性质；词项的外延是个体，内涵是个体概念；内涵与外延均具有组合性，内涵语境除外。这种语义学虽简单优美但也有麻烦，即专名、指示词和内涵语

---

① David Kaplan. Dthat ［C］// Martinich Aloysius. The philosophy of language, 3rd ed. Oxford：Oxford University Press，1996：293.

境中的量化式存在困难，这些语义准则似乎与发展起来的内涵逻辑不太匹配。卡普兰认为，某些言语行为中表达的东西不能完全诉诸语词，比如没有一个表达式可以表达某个对象本身，比如描述词只能描述对象的某个或某些特征（甚至是本质特征），但却无法描述这个对象本身。卡普兰试图对上述纯粹的语义学进行补充，以便使其复活。他的建议是，不再将指称短语看做是所说内容的一部分，而是把它看做相关的语境因素，而语境因素本身也不是所说的东西的一部分，它的作用是帮助我们将表述解释为具有某种内容。指称短语包括限定描述词、指示词等，即用来指称一个对象的语言表达式，对某些指称短语，要求人们配之以一个指示，该指示指明了该短语所代表的对象。当说话者想用一个相关指示去指示该短语所代表的对象时，卡普兰称其为对指称短语的指示性使用，并且把被指示的个体作为命题的相应组成部分。

唐纳兰关于指称性使用和归属性使用的区分是语义上的还是语用上的，他本人并没有阐明，而克里普克显然不赞同唐纳兰的区分，认为这种区分在语义上是两可的、模糊不清的，是一种懒汉行径。他区分了说话者指称和语义指称，认为这样不但可以批判那种两可性，还可以成为语言理论的建设性工具。在某个特定场合，被使用的语词所意谓的东西与说话者本人所意谓的东西，这之间是有区别的，克里普克建议遵循这种"格莱斯做法"。语词所能具有的意义是由我们语言中的约定给出的，语词在某特定场合的语义则是由三个因素确定，即语言中的约定、说话者的意向以及语境特征。克里普克将说话者想要谈论的对象定义为"说话者指称"。说话者会自认为"说话者指称"能够满足成为该指示词的语义指称而应具备的条件，说话者带着那样一种意向来使用那个指示词，因此是由说话者用以指称某个对象的特殊意向给出的。而语义指称就是满足某些描述性条件的唯一对象，它是个关于语言的特殊约定问题。克里普克认为他是在语用学的基础上解释唐纳兰想要解释的语言现象，并认为描述词没有被赋予指称或独立的意义。

在当前的直接指称论拥护者中，萨蒙是一个代表，他从如何理解命题中的信息值出发，分析了直接指称论语义学的基础理论及其修正版本。萨蒙认为对于陈述句而言，其核心重要的语义值就是在语句中被编码的信息内容，即表达式的信息值决定了表达式的语义内涵。而所谓命题，就是在给定的语境中被语句编码的信息内容；信息内容是个复合的、有序的实在，其组成部分与构成语句的表达式语义上系统地关联。根据传统语义学的基本理论（Naive Theory），单称词项的信息值（语义值）就是在其所处语境中所指称的对象，n 元一阶谓词的信息值是 n 元属性（或者 n 元关系），如此等等。表达式的意义相对应于表达式的角色，也即从表达式的可能语境到信息值的语义相关函项。这个基本理论将语义分为从下到上的三个层次，即外延、信息值及符号（character）或程式（Program）。修正的理论则在符号和信息值中间增加了一层考虑，即（相对于语境、时间和可能世界的）外延、（相对于语境及时间的）信息值或内涵、（相对于语境的）信息值基础［或相对于语境及时间的图式（Schedule）或超内涵］及程式或符号这四个层次。修正理论保留了基础理论的解释力和洞见，修正了前者中不融贯的地方，并能够解释信息的永恒不变的性质。

　　上述传统的语义理论都可以形式化，这是萨蒙工作的基础框架，然而，它们都不能真正解决弗雷格之谜。"弗雷格之谜之所以成谜，乃是因为它对信息内容的本质和结构的似乎毋庸置疑的解释提出了一个看似不可逾越的难题。"① 萨蒙则从批判弗雷格律出发，对语义的直接指称论进行了间接辩护。他建议做这样的区分，即在某个特定情形下使用一个句子时，这个句子的信息内容以及句子被特别说出时所具有的信息，也即语义性编码与语用性授予（信息或意义）具有区别，前者是语义概念，后者是语用概念。弗雷格之谜中有这样一个预设，即如果陈述句 S 同陈述句 S′拥有完全一样的认知信息内容，那么 S 是有信息的当且仅当 S′是有信息的。萨蒙称此为弗雷格律②（Frege's law），并认为这是莱

---

① 　Salmon N. Frege's Puzzle［M］. Cambridge, MA：MIT Press, 1986：44.

② 　Salmon N. Content, Cognition, and Communication［M］. Oxford：Clarendon Press, 2007：5.

布尼茨律的一个特例，其本身是个语义预设。观察到某个句子能用来传达信息，也即句子具有信息这样一个性质 p，这并不能表明这个句子的语义内容本身具有性质 p。那么，弗雷格所谓的认知价值到底是什么呢？萨蒙认为不好断定，但他认为，如果认知价值不完全来自于语用信息的话，就必定会包含有语义信息。这样的话，弗雷格就不能动用其弗雷格律，否则的话就是丐题。如果不想犯丐题谬误的话，就得承认这种认知价值并不来自于语义。比如："长庚星是启明星"是包含信息的，但这是在其需要特别的辩护这个相对意义上而言的，也就是其与"长庚星是长庚星"认知上的差别不在语义而在语用。因此，萨蒙认为专名、指示词、单称代词以及其他单称词项，在给定的可能的使用语境中，都是严格逻辑意义上的真正的名字，而其信息值（也即语义值）就是其指称。

弗雷格早期将涵义称为可判断内容，而他提出涵义和指称的区分，也是从解释 a＝a 与 a＝b 两个等式为何不同入手的，也就是解释 a＝b（当其为真时）为何比 a＝a 更具认知价值。涵义与指称的区分与如何解释语言所传递的认知内容是有密切联系的，因此在认知心理学及心灵哲学兴起之后，也有人从心理语义学出发来探讨语义问题。比如，福多就对认知内容的一种因的、指称性理论进行了辩护。他认为单称语词的内容，比如限定描述词，就是其指称的对象；朝向某个对象的命题态度的内容是罗素式命题，也即命题的组成部分是对象以及归属于它们的属性；而空名具有空内容，所有的空名概念具有同样的空内容。这种看法可以说属于直接指称论的立场。

如上所述，直接指称论者讨论的焦点主要聚集在名称、指示词及限定描述词等单称词项上，如何分析这些词项，并且对其语义功能进行形式刻画，是他们研究目的和兴趣所在。语言表达式如何指称其对象，这被认为是全部的语义学，因此，讨论也就围绕着如何确定单称词项的指称展开，并且是在真值条件语义学的范式下进行。虽然直接指称理论内部也有不少分歧，但是都坚持语词的指称性涵义；也就是认为，讨论语词的涵义不过就是讨论语词的指称到底是怎么确定的，其本质是将涵义

41

还原为指称，认为涵义不过是对指称的一个函项操作。唐纳兰的指称性使用和归属性使用区分、克里普克的语义指称与说话者指称区分、萨蒙的语义性编码与语用性授予区分、卡普兰强调的指称短语的指示性使用，都表明他们致力于去除涵义在单称词项与其指称对象间的中介作用。这恰恰与弗雷格坚持的通过涵义来确定指称的原则相对立。当然，直接指称论者也并非完全抛弃意义或涵义这样的概念，而是在"名称（或其他单称词项）的意义即是其指称"这个语义理论的基础上，通过形式化地刻画单称命题的语义值，再进一步系统地确定复合语句的语义值。直接指称论者倾向于将这样的语义理论，看做关于语言表达式涵义的一个系统理论，而语义值之上不需要有额外的涵义。也就是说，弗雷格式涵义对他们而言是多余的理论设置。

二、间接指称路线：指称之外的涵义

为了解决所谓的弗雷格之谜，弗雷格提出语言表达式（专名、谓词和句子）都有两个不同方面，即指称与涵义。关于专名、涵义与指称间的关系，弗雷格认为："与某个符号相对应的是特定的涵义，与特定的涵义相对应的是特定的所指，而与一个所指（对象）相对应的可能不是只有一个符号。同一种涵义在不同的语言中，甚至在同一种语言中，是由不同的表达式来表达的。"[1] 对此他还有一个著名的比喻，即人眼通过望远镜观察月亮，月亮就相当于所指，望远镜基于其构造产生的影像相当于涵义，人眼中形成的影像就相当于印象或表象（心理的、主观的东西）。望远镜中形成的影像就它可以为不同观察者观察而言，它是客观的，类似地，涵义也具有这种客观性。我们不是用语言直接谈论世界，而是通过语言符号所表达的涵义间接地谈论世界。由此可见，对于语言符号与指称的关系，弗雷格的核心观点是：首先，语言具有涵义；其次，涵义决定指称。这就是所谓的间接指称路线，又称为弗雷格

---

[1]　Beaney Michael. The Frege Reader［M］. Oxford：Blackwell Publishers, Ltd, 1997：153.

路线，认同弗雷格这一观点的人从不同角度对间接指称论进行了辩护。

对于弗雷格来说，涵义与思想可以说是具有同样的本体论地位，即它们都是抽象的存在，处于"第三域"。丘奇对此表示赞赏，他认为引入涵义这样的抽象实在并不违反"奥卡姆剃刀"原则，因为承认这种抽象实在并不超出理论对可行性、简单性和一般性的需要。丘奇在其语义学中，坚持了弗雷格关于涵义与指称的区分。他的语义学中既包含涵义及相关的规则，又包含指称及相关的规则；也就是认为，语义学分为内涵部分和外延部分，并且认为语义的内涵部分并不是从外延部分得出的，也即"某个特定的关于指称对象的规则并非自行地具有相应的关于涵义的规则作为一个推论"①。不过，他觉得弗雷格关于概念函项不饱和、不完整的观点是怪异难解的，建议抛弃弗雷格这种界定。他在区分涵义和指称的基础上，发展了具有自己特色的内涵语义学。

丘奇坚持认为恰当的自然语言语义学须为几乎一切词语指定涵义和指称，语义学就是提供一套具有解释力的语义规则，它将意义指派给语言表达式。语义规则作为一种规范，它与日常语言的关系，就如同几何学与土地测量或施工图纸的关系，它是种关于人类交流的语言实际使用的抽象理论。丘奇将语言表达式分为两类，即名称和形式，相当于弗雷格的专名和谓词，它们构成语句。名称是常项，不包含自由变元；形式这种语言表达式类似于名称，但包含自由变元；它们都有涵义和指称。名称指称一个对象，其涵义是一个关于所指的概念，并把充当名称涵义的抽象实在称作概念。当然，此"概念"是丘奇的创新，并非弗雷格意义上的"概念"。丘奇认为个体概念就是关于一个个体的概念，函项概念就是一个关于函项的概念，真值概念就是一个命题，类概念等同于一个特性，等等。对于形式而言，它包含的自由变元的可容许值所构成的每一个系统都具有一个值，这就是形式的指称，类似于弗雷格的函项值。那么形式的涵义是什么呢？形式的自由变元可由常项替换，被用来

---

① Alonzo Church. Intensional Semantics［C］// Martinich Aloysius. The philosophy of language，3rded. Oxford：Oxford University Press，1996：56.

替换的常项的涵义就是该变元的涵义值，形式对于它所包含的自由变元的可容许的涵义值所构成的每一个系统都具有一个涵义值，这就是形式的涵义。对于语句而言，它类似于名称，其指称是真值，其涵义则是语句表达的命题。

对于传统逻辑来说，主谓结构是逻辑分析的基本结构，虽然弗雷格对这一点进行了颠覆，但由这种结构带来的逻辑问题和哲学问题并没有随之完全解决或消失。吉奇探讨了对主谓结构的意义所作出的各种不同的解释，他在语义问题上倾向于支持弗雷格，强调要区分语言本身和用语言所讨论的东西。直接指称论者罗素将指示词看做是一类名称，甚至认为它们是逻辑意义上的唯一真正专名；吉奇批评了这种立场，认为这是一种哲学幻觉。他认为指示词根本不是名称，而是仅仅指向一个对象，将人们的注意力引向它，就如同手表上的指针不是数字，只是把人们目光引向表针一样。与弗雷格类似，他强调名称与谓词词项是绝对不同的，因为名称有完全的涵义，谓词没有完全的涵义。专名的用法依赖于它们所在的语言系统，而不仅仅是其所在的语句，其涵义在于传递了一个"名义本质"，并不必包含描述其指称对象特征的描述词，专名之有意义并不仅是因为它有承担者；专名的涵义也不是它所引起的心理联想，那纯粹是心理学的问题，与该名字的意义无关。谓词的涵义则在于它对其所在命题的涵义的贡献，然而并不等于整个命题的涵义减掉主词（一般是可作为名称的语言表达式）的涵义，谓词被断定给或适用于主词所代表的东西，或者说对于主词所代表的东西来说是真的。此外，吉奇并不认同蒯因重建罗素理论的企图。

无论是罗素还是弗雷格，他们都认为进行指称的是语言本身，而斯特劳森对这种常见观点进行了批判，他认为进行指称的是人而非语词，说话者指称是基本的，语词指称是派生的，并且语词的意义不可能等同于该语词在某一特定场合下所指称的对象。可以用某些语词来提及或指称某个人、某个对象、特定的事件或过程等，这类词包括单称代词、专名、限定描述词等，这是语词的一种用法，斯特劳森称之为语词的唯一指称用法。但这种用法并非如罗素认为的那样可以衍推存在性论断，因此，他并不赞成罗素的描述词理论，认为罗素混淆了语词（或语句）、语词的使用和语词的表达。指称是语句或语词的使用功能，语句本身没有真假，是人们使用句子做了真论断或假论断，表示了真命题或假命题。意义是语句或语词的功能，语词意义并非是它在特定场合下的使用，而是在所有场合下正确地把它用于指称或断定某某事物时所遵循的那些规则、习惯或约定。简而言之，意义是把语词使用于指称的一套规则、习惯和约定。因此，判断一个语句是否有意义，不是看它或它的组成部分有无指称对象，而是看"是否存在着这样的语言习惯、约定或规则，使得这个语句在逻辑上能被用来谈论某个东西"①。

既然语言习惯、约定或规则决定了语言的意义，那么说话者对于语言意义就是本质重要的，真陈述的概念必须依据说话者所意谓的东西加以分析。因此，斯特劳森认为应该将语言意义理论中的两个对立立场进行综合。这对立的两派就是交流-意向论者和形式语义学论者，斯特劳森认为他们有共同承认的东西，即："语言意义在很大程度上是由语义上的和句法上的规则或约定确定的，语言作为一种强有力的交流手段，是以一种完全约定性的方式而被有规则地使用。"② 对于交流意向论者来说，要先用某些词语来提出并阐释交流-意向这个初始概念，当然，这些词语应该没有对意义这个概念作任何预设，然后基于交流-意向概念来说明语言意义。也就是说，只有参照说话者所具有的、某种指向听者的复杂意向的情况下，才能界定意义概念。形式语义论者不以为然，认为语义和句法规则的基础不是一个旨在交流的规则系统，认为这些规则是通过确定语句的真值条件来做到的。那么，真值条件又是什么呢？真值条件语义学需要一个恰当的真理概念做基础，斯特劳森认为塔斯基式的真理概念是没有希望的，因为它没有回答真值条件是什么或真值条件是关于什么东西的条件。按照一种符合论真理观，作出一个真陈述，

① P. F. Strawson. On Referring ［C］// Martinich Aloysius. The philosophy of language, 3rd ed. Oxford：Oxford University Press, 1996：221.

② P. F. Strawson. Meaning and Truth ［C］// Martinich Aloysius. The philosophy of language, 3rd ed. Oxford：Oxford University Press, 1996：108.

45

就是当且仅当事情的存在方式如同他所陈述的那样存在。于是，这里又遇到了陈述这种言语行为具有什么内容的问题，交流-意向论者认为，只有依据意向性，才能阐释陈述等言语行为。如果说，知道一个语句的意义便是知道说这话的人在什么样的条件下说出真话，那么，对信念等认知态度的参照就不可避免，而认知态度概念与交流-意向这个概念又有本质联系。因此，斯特劳森认为，"除非我们理解了人类言语，否则的话，我们便对人类语言一无所知"①。

鉴于弗雷格关于"亚里士多德"的涵义的那个著名注释，许多人认定弗雷格所谓的专名的涵义就是其对应的描述词。基于这样一种认识，塞尔认为弗雷格关于专名涵义和指称的区分，虽然是必要的，但也很贫乏。与通常的观点恰恰相反，塞尔认为不但"图利=西塞罗"这个等式是偶然真的，连"图利=图利"这个通常被看做逻辑真理的等式也是偶然真的，这种观点源于其专名理论。塞尔将专名区别于指示词和限定描述词，指示词在指称时预设了特定的语境条件，限定描述词则说明了其指称对象的某些特性，而专名则是根据其用法规则来指称某个对象但并不描述这个对象。因此，专名所具有的涵义与它如何成功指称其对象具有密切的逻辑关联。以指称方式来使用一个专名，便预设了充分多的、其数量未被限定的陈述可适用于某个对象，也就是预设了某个具有唯一指称的描述陈述的真实性。专名能够使我们共同地指称某个对象，而什么样的描述特性恰是挑出这个对象的充分必要条件，以及我们如何能在这个问题上达成一致，这些问题对于专名来说并不必须考虑。专名指称什么样的对象是语言规则的约定问题，并没有严格的涵义限制其指称，因此，塞尔说"专名标准的不严格性是使语言的指称功能脱离于描述功能的一个必要条件"②。而上述两个等式的真也都是根据语言规则得出的，因而都是偶然的真。同时，塞尔区分了两种不同的规则，即

---

① P. F. Strawson. Meaning and Truth ［C］// Martinich Aloysius. The philosophy of language, 3rd ed. Oxford: Oxford University Press, 1996: 114.

② John R Searle. Proper Name ［C］// Martinich Aloysius. The philosophy of language, 3rd ed. Oxford: Oxford University Press, 1996: 253.

构成规则和调节规则，而语义学被视为一系列构成规则的系统。所谓构成规则，是指这种规则不仅调节而且创造或规定新的行为形式，遵从构成规则的行为活动本身在逻辑上是依赖于这种规则的存在而存在的，其形式特征是重言式的，如橄榄球规则也属于构成规则。而调节规则是用来调节先前存在的行为方式的，因此，这种行为活动在逻辑上独立于规则的存在，比如礼仪规则以及法律规范都是调节规则，其表达形式是祈使句。作为言语行为论的主要代表，塞尔认为意义不仅是一个意向问题，也是一个惯例问题，意义正是这两者的综合。

对于弗雷格之谜，戴维森的看法是，如果一个语句的意义是它所指称的东西，则所有在真值上相同的语句就必定是同义的，这是一个无法容忍的结论，因而，一种可能的意义理论，需要意义与指称之间的区别。但他不太赞同弗雷格式的意义组合性原则，认为关于结构特征的知识，再加上关于基本组成部分的意义的知识，并不等于关于语句意义的知识。戴维森很欣赏塔斯基的真理定义，认为塔斯基的工作包含有重要的哲学意蕴，即使塔斯基本人都没有意识到这一点。他认为："给出真值条件就是给出语句意义的一种方式，知道一种语言的语义性真理概念，便是知道一个语句为真是怎么回事，而这就等于理解了这种语言。"① 虽然塔斯基的理论没有揭示个别语句成真条件的新东西，但是它使得我们对某个已知其真值的语句的重新出现有了系统的理解，而意义理论的任务就是描述并理解一种语言。戴维森不完全赞同真值条件语义学，他建议把真理看做是话语（也即言语行为）的特性而非语句本身的特性，"真"关系到语句、时间和人这三个因素。对于等值替换律失效的问题，戴维森则认为是源于传统对语句没有做出恰当的分析，对此问题的正确逻辑分析应该是，对于"某某说（想、相信等命题态度词）+从句"这样的语句，从句中任何表达都是语义上独立的，不能从从句中的变化来预言对主句的真值所产生的效果，间接引语中的语句不

---

① Donald Davidson. Truth and Meaning ［C］// Martinich Aloysius. The philosophy of language, 3rd ed. Oxford：Oxford University Press, 1996：97.

具有依赖于谓词结构的逻辑关系。

　　就弗雷格之谜来说，弗雷格本人的解决方案一直是标准方案，然而，弗雷格的逻辑主义遭遇了罗素悖论，20世纪七八十年代新指称运动兴起后，弗雷格的涵义理论也遭到质疑甚至被抛弃。20世纪60年代，有人认为罗素悖论是可以解决的，比如去掉外延理论及一些并非必要的基本规律，由此弗雷格的逻辑主义得到复兴。20世纪80年代中期以来，弗雷格的哲学思想和成就又慢慢受到了数学哲学界的重视，这就是所谓的新弗雷格主义，其中黑尔和莱特等人最具代表性，他们坚持认为数学的基本原则可以仅从抽象原则中就得出来。弗雷格哲学的两个关键概念，即数学柏拉图主义和逻辑主义，受到了新弗雷格主义者的辩护。数学柏拉图主义认为数学是关于独立存在对象（也即独特的数学对象）的知识体系；逻辑主义认为，逻辑是初始的、基本的，数学可以还原为逻辑，从而建立在纯粹逻辑的基础上。弗雷格主义还反对内涵主义、外延主义、心理主义，坚持指称和涵义的组合原则、指称的语境原则。① 弗雷格认为概念是谓词的指称而非谓词的涵义，卡尔纳普等人倾向于将概念与涵义等同起来，这就是内涵主义，内涵主义将涵义等同于传统逻辑中的内涵。弗雷格认为谓词最终是不可被取代的，谓词指称的概念是不完整的、有空位的、需要填充的，因而与完整的、没有空位的专名有本质不同；而外延主义将概念等同于外延，认为谓词所表示的概念从另一个角度看则成为对象（如类或集合），相应地，谓词也可转化成为专名。弗雷格强调要区分逻辑的东西和心理的东西，不能将逻辑真理看做是关于思维的心理学规律，不能将语词的意义看做是它使说者或听者产生的心理事物。

　　此外，对于上一节提到的福多从心理语义学表现出的直接指称论立场，也有人进行反驳，比如西格尔（Gabriel Segal）等人。西格尔认为

---

　　① 一般将弗雷格的语境原则看做是关于意义的。而本书根据王路（1996）的考察，以及对弗雷格整体思想的理解，更倾向于将语境原则看做是关于指称（即意谓）的。而如果将意义看做是指称和涵义的整合，那么，将语境原则看做是关于意义的也未尝不可。

大众心理学不是新罗素的，而是准弗雷格的。① 他论证发现，福多在处理单称词的时候倾向于一种外在主义，在处理非单称词的时候却是内在主义的，因此，按照福多的自然化路线，对单称词与非单称词的处理是存在内部的不协调的。西格尔从认知内容是窄的还是宽的视角出发，阐释了非单称概念的认知内容是窄的而非宽的②，并认为不管对于单称词还是通称词，采取对内容的二元解释显得更为自然，也就是既包含宽内容又包含窄内容。这也就是说，语词不但有准涵义还有指称，这其实是辩护了一种准弗雷格式的认知内容理论。之所以说是准弗雷格式的，主要是因为这种立场坚持了指称与涵义的区分，但是却不承认弗雷格所说的那种第三域的抽象实在。

弗雷格本人虽然专门区分出了语言符号所表达的涵义这一层次，但是他的逻辑是典型的外延逻辑，他用涵义来解释为何内涵语句不能如一般外延语句那样进行保真替换，也用涵义来揭示逻辑研究的是思想的真的规律而不是思想的规律，还用涵义来揭示语言表达式所传达的认知内容不同于语言表达式所谈论的对象本身。但是涵义到底是什么，弗雷格却没有十分清晰的阐释，仅仅是说它是对象的呈现方式（对于专名的涵义来说），并把它作为抽象对象归入第三域的神秘世界。比较清楚的是，弗雷格本人并不倾向于将涵义本身纳入对逻辑系统的语义解释，或者说将涵义看做是逻辑语义学或形式化语言的一部分。但在这一点上，弗雷格本人是否过于保守则不太清楚。然而，毫无疑问的是，我们可以将弗雷格关于语言符号、涵义及指称的论述整体看做是一种哲学语义学，或是一套关于语言意义的理论。这也就是说，涵义是弗雷格哲学语义学的必要组成部分，至少是对其逻辑语义学的一种补充说明。

---

① Segal G. Keep making sense [J]. Synthese, 2009, 170（2）: 275-287.

② 这是心灵哲学中常用的一对概念，所谓窄内容（Narrow Content）是指概念内容或命题内容（全部或部分地）由主体的内在性质决定；而宽内容（Broad Content）则是指概念内容或命题内容由外部世界来决定。

三、两条路线对比

直接指称论又称罗素路线或密尔路线，间接指称论又称弗雷格路线，双方的交锋主要体现在如何看待专名的意义及其语义功能，关于哪些语言表达式可以看做专名也各有分歧，并将这种分歧延续到了对命题的看法，甚至对语言意义构成的看法。

弗雷格本人对专名的界定十分宽松，只从语言表达式的逻辑功能来区分名称和谓词，即指称单独一个对象的任何语言表达式都可看做专名，甚至认为一个真正的句子是一个专名（真值是对象，而真正句子的指称就是真值，因此，每个有真假的句子可以说都是真值这个指称对象的专名）。弗雷格并没有对专名本身给予过多关注，更不用说区分名称、限定描述词、单称指示词等等的了。弗雷格完全没有考虑从语言符号本身及其构成特点甚至语法功能（语言学意义上的语法功能）上来区分名称与限定描述词等。当然，并非所有间接指称论者都遵循了弗雷格的这种做法，比如塞尔认为专名与描述词有根本不同，吉奇认为指示词根本不是名称。

罗素则对专名的要求十分严格，不但从语言符号构成本身来界定专名和描述词，甚至在逻辑上对专名提出了更高要求，认为只有"这个""那个"等少数几个字能称得上是逻辑上严格的专名。罗素表达了一般日常的专名并非逻辑意义上的真正的专名的感慨，以至于其专名观背离常识，让其他直接指称论者也难以接受。比如，克里普克将具有指称作用的语词分为严格指示词和非严格指示词，而专名就是严格指示词，这样既能将专名与其他限定描述词区分开，又能保留关于专名的常识观点。

对于直接指称论者来说，专名的语义值（或内容、意义等），如果有的话，就是其指称的个体对象。所谓表达式的语义值，一般被认为是决定了语句的语义性质（比如真值条件）的东西。个体对象被命名，专名不对个体做任何描述，专名直接指称个体，否则就不具有语义功能。对于专名以及其他单称指示词如何指称对象，直接指称论内部虽有不同意见，比如唐纳兰关于限定描述词指称性用法和归属性用法的区分，再比如克里普克关于说话者指称和语义性指称的讨论。但他们都认为专名指称它所命名的对象，不表达涵义，也不具有指称之外的任何意义。谓词具有涵义或内涵，其语义值就是它所描述对象的属性或关系，或与其他属性（或表达其他属性的词语）之间的关系，谓词指称它所描述的类或集合（或者集合中的个体①）。命题被看做是语句的意义或语义值，命题是由语句中语词所指称的对象、性质或关系组成的有序对，或者就是语句所对应的世界中的事态或事实。含有专名的语句（或语句的说出），如果表达了命题的话，就是表达了一个单称命题，专名所指称的个体对象就是这个单称命题的组成部分。从这里也可以看出，直接指称论者在真理问题上倾向于一种真理符合论立场。

对于间接指称论者来说，专名不但指称个体对象，还表达涵义。涵义是对象的呈现方式，涵义决定了专名的指称，专名通过涵义间接地指称其命名的对象。谓词（通名、概念词）是句子去掉专名剩下的部分，其涵义是思想的一部分，其指称是谓词表达的概念。完整句子的涵义是它表达的思想，其指称是真值（即真或假）。关于语言与所谈论的对象，弗雷格区分出了语言符号、涵义、指称三个层次；关于思想（句子的涵义），弗雷格也区分出了三个层次，即"对思想的把握——思维、对一个思想的真的肯定——判断、对判断的表达——断定"②。由此可以看出，对判断的表达即是以语言符号来表达判断，从而有了断定句（语言层面），而断定句中包含两种因素，即内容和断定，这内容就是思想（涵义层面），而断定属于语力。思想是能借以考虑真的某种东

---

①　说谓词可能指称集合中的个体，与一般逻辑学中讨论的词项（限于通名、谓词，不含专名）的合举用法和分举用法之分有关。一个词项的合举用法是指该词项指称的对象是一个集合的整体；一个词项的分举用法是指该词项指称的不是一个集合的整体，而是该集合的诸位成员。如"人是伟大的"，这里的"人"不是指哪一个人或哪些人，而是指人类整体，这就是"人"的合举用法；而"人是高级动物"，这里的"人"不是指人类整体，而是指个体的人，这是"人"的分举用法。

②　［德］弗雷格．弗雷格哲学论著选辑［M］．王路，译．北京：商务印书馆，2006：134-135.

西，可以表达一个思想，而不用把它说成是真的。虽然考虑真假必须借助思想，但思想可真可假，也可能没有真假值，因此，思想是真值的必要而非充分条件。对于间接指称论者来说，一般都承认弗雷格关于指称和涵义的组合性原则，即语句的指称或涵义由组成语句的部分表达式的指称或涵义决定。对于一个含有专名的单称语句来说，其涵义是由语句中专名的涵义和谓词的涵义所组成的完整思想，其指称是由相应的专名的所指对象和谓词所指的概念决定，其指称是真值。如果说思想就是语句所表达的命题的话，那么这个命题本身并不包括专名的指称对象，而是包括专名的涵义。此外，弗雷格认为不但真的思想存在，假的思想也是存在的，并且每个真的思想都有其对应的假的思想，真的思想中也可以有假的思想作为其组成部分，并能从其中推论出某些东西。由此可以看出，虽然弗雷格将真看做是初始的，没有对真理概念本身做更深的探讨，但不难看出其思想中的真理融贯论倾向。

弗雷格对现代逻辑的一大贡献就是借用数学中的函数概念来对自然语言进行形式化，提出了谓词函项的概念（谓词是其值为一真值（真或假）的函项表达式）。数学中的函数是有空位的、不完整的，因而谓词的指称（即概念）也是有空位的、待填充的；概念虽然也是实在的，但它具有谓述性（Predicative Nature）也就是待填充性，这是它区别于对象（完整、没有空位）的根本特征。既然谓词是函项表达式，那么就可以将专名看做函项的主目。比如：苏格拉底是哲学家，形式化后可以表示为 P（s），其中 P 表示哲学家，s 表示苏格拉底，P（s）表达了一个由专名苏格拉底的涵义和谓词哲学家的涵义组成的思想，指称了一个由苏格拉底所指对象和哲学家概念所确定的真（一个真值）。这就相当于说，苏格拉底的指称对象处在哲学家这个概念下，或苏格拉底的指称对象满足哲学家这个概念。我们先是把握了 P（s）所表达的思想，然后才能确定其真假，并且这个过程是不可逆的，也即我们不能先确定一个语句的真假，再把握其表达的思想。这也就是弗雷格涵义决定指称的原则，且这个原则是不可逆向操作的。

罗素相应地提出了描述函项和命题函项的概念，其中命题函项对应于弗雷格的谓词函项。秉持他对命题本质的看法，罗素认为命题函项的值就是一个命题。为了避免弗雷格式涵义让语词直接指称到对象，又能够解决模态词、命题态度词（如相信、怀疑、预言等）等内涵语境带来的麻烦，指称论者在用真值条件语义学来解释语句的意义时，发展出了可能世界理论，提出了可能世界语义学。他们认为，一个语句的意义就是一个世界映射到真值的函项，或者说，一个语句的意义就是诸世界的集合，这也就相当于说，一个命题就是诸世界的集合。

由上述可见，专名除了指称对象还是否有其他意义，这是直接指称论者与间接指称论者的直接分歧，而这背后还隐藏着一个本体论上的分歧，那就是真值承载者（Truth Maker）的构成成分是什么，或者说命题的本质是什么。对于弗雷格来说，命题（即思想）的本质是既非心理也非物理的第三域存在。而其他间接指称论者或者倾向于承认抽象对象的实在性和必要性，比如丘奇；或者倾向于承认涵义的规范性和必要性，比如斯特劳森认为涵义源于言语行为本身具有的规则性。对于坚持弗雷格路线的人来说，最后的本体论存在是属性，也即涵义源于属性。他们倾向于将专名规约为通名，因为不论专名还是通名，它们的意义都来源于名称的本质，也即都是源于语言的规则（包括语言与世界的关系）。对于追随罗素路线的人来说，他们或多或少坚持罗素对现实性的坚持，"逻辑关心实在世界也和动物学一样的真诚"[1]，倾向于认为语言只是媒介，而不是语言意义（或命题或思想）的一部分。深受英国经验论的熏染，对于罗素式的直接指称论来说，最后的本体论存在是个体，罗素的描述词理论与原子命题论都将通名规约为专名，于是不论专名或通名，其意义最后都来源于亲知和个体对象（即世界本身）。

第三节　对弗雷格式涵义的质疑与回应

直接指称论者一般对弗雷格式涵义持质疑态度，他们基本上认为不

---

① Bertrand Russell. Descriptions ［C］// Martinich Aloysius. The philosophy of language，3rd ed. Oxford：Oxford University Press，1996：209.

应该把涵义作为语义概念，至于可否从语用上接纳涵义，则有不同意见。这些质疑中比较典型的代表有：罗素在《描述词》中的怀疑，蒯因在《经验主义的两个教条》中的批评，以及克里普克在《命名与必然性》中的论证，等等。新指称运动兴起后，对涵义的质疑主要体现在三个方面：涵义是否真值条件相关；涵义是否能决定指称涵义在内涵语境下可否充当指称。

一、涵义是语义上多余的设置

前面讨论过弗雷格引入涵义概念是用来解决一些谜题的，比如信念语境中的保值替换问题、认知价值问题等，此外还有空名问题。按照直接指称论的观点，专名的语义值就是其指称，而空名没有指称，那么就造成这样的结果：或者承认空名没有语义功能并且相应的语句没有意义，或者所有的空名都具有同样的意义，也即所有空名都指称空集或空类。不过，这些问题都可以借助涵义得到一定的解释，然而，涵义由于其本身的模糊性，并不被一些哲学家所接受。

罗素对弗雷格涵义理论对批评主要集中在两方面：首先，他认为弗雷格关于涵义与指称的区分会导致矛盾；其次，他认为弗雷格的涵义理论是多余的，用他自己的描述词理论就可以解决弗雷格所面临的难题。罗素在《论指称》一文中举例分析并反驳了弗雷格关于涵义与指称的区分。这里将罗素的论证整理重述如下：

（1）"英国国王是秃子"与"法国国王是秃子"具有完全一样的逻辑结构。

（2）将"英国国王"与"法国国王"都看做是指称词（指指称一个对象的语言表达式）。

（3）"英国国王"与"法国国王"从字面上看都具有复合意义，比如："英国"与"国王"两个词的意义合成了"英国国王"的意义。

（4）"英国国王是秃子"是关于"英国国王"所指称的某个实际的人的陈述，而不是关于"英国国王"的复合意义的陈述；同理，"法国国王是秃子"也应该是关于"法国国王"指称的某个实际的人的陈述。

（5）事实情况是，没有法国国王。

（6）所以，"法国国王是秃子"并没有对什么做出陈述，因而应该是毫无意义的。

（7）这个句子我们又认为它是有意义的。

（8）所以只能说它是假的，那么，其否定"法国国王不是秃子"就应该是真的。

（9）这个命题我们也不会承认其真。

（10）有意义的语句"法国国王是秃子"既真又假，因此，矛盾出现。

按照罗素的思路，如果将"法国国王"看做是一个指称词，那么，这个语句并没有对什么实际的东西做出陈述（罗素不承认虚构事物的存在，认为"独角兽"这样的语言，只是表示一个概念①）。因此这个语句就该是无意义的；然而，这个语句我们也确实认为它具有意义，那么，就不该像弗雷格那样认为"法国国王"具有指称对象的作用，于是，弗雷格关于涵义与指称的区分就派不上什么用场了。也就是说，罗素认为"法国国王"是描述词，而不是在逻辑中具有指称作用的专名；这个词不具有指称，只具有因其语言符号构造而带来的意义。因此，弗雷格的涵义理论是多余的，并不需要区分出名称的指称和涵义。

罗素还举了另一个例子来反驳弗雷格，这个论证如下：试看"如果费迪南德没有淹死，费迪南德就是我唯一的儿子"这个陈述。对于弗雷格来说，"我唯一的儿子"这种表达属于指称词，当"我"确实有

---

①　罗素在《描述词》一文中明确表达了这一点。他认为：虚构事物，如哈姆雷特、独角兽、圆的方等，都是某些逻辑学家承认的虚构事物，但这种妥协是糊涂的。这种逻辑上的实在感，我们并不需要。只有一个世界，那就是实在的现实世界，我们不需要额外的逻辑上的实在世界，逻辑上的实在感与现实世界的实在感是一样的。"我看见琼斯"和"我看见独角兽"虽然表面上具有同样的逻辑结构，但实则不然，琼斯是专名，指称一个对象，独角兽却不是专名，是一个概念。"我看见琼斯"的逻辑结构是"我看见 x"，"我看见独角兽"的逻辑结构是"我看见了 x 并且 x 是独角兽"。

一个儿子的时候，这个指称词"我唯一的儿子"才有指称；但是，如果费迪南德早就被淹死了的话，不管"我唯一的儿子"有没有指称，上述陈述都是真的（也即是说对于虚拟条件句，前件假，句子永真）。罗素认为，这样就导致这样一种结果：要么就得为显然没有指称对象的指称词寻找一个指称对象，要么就不能说包含有指称词的命题所讨论的是指称对象（因为没有指称对象可以讨论）。若要找一个指称对象的话，看来只能找抽象对象了。但罗素是不承认这种虚构事物的，他认为我们逻辑所讨论的对象如生物学所讨论的对象一样实在。罗素的观点是，"我唯一的儿子"这样的语言表达式并非如弗雷格所言是指称词，而是描述词。他也探讨了弗雷格认为法国国王指称空类的观点，不过他认为这种立场虽然没有什么事实上的逻辑错误，但太勉强做作了。因此，他得出结论：弗雷格关于涵义和指称的区分，对于指称词来说，不管它实际上有没有指称对象，都会引起相应的困难。

克里普克在《命名与必然性》及《信念之谜》中都对弗雷格的涵义理论进行了反驳，他反对弗雷格的前提是将罗素和弗雷格捆绑，认为名称的弗雷格式涵义就是罗素所谓的描述词，即语言使用者将某种属性或属性的合取与一个名称联系起来。这种属性是名称挑选其指称对象的标准，是指称对象具有的本质属性；这种属性就是这个名称的涵义或内涵，用来表达这种属性的语词就是与这个名称对应的描述词。简而言之，与名称对应的描述词就是名称的涵义，它们确定了唯一满足的指称对象。描述词理论有两个版本：经典版本是说一个专名的涵义对应一个描述词，改进了的版本认为一个专名的涵义对应一簇描述词，即"簇描述词理论"。克里普克在《命名与必然性》中将描述词理论的论题罗列如下（本书进行了适当简化）：

（1）对某个指示符号来说，有一簇与之相应的特性，这些特性使得说话者相信这个指示符号的意义就是这些特性。

（2）说话者认为这些特性唯一地标示出某个个体。

（3）如果这些特性为某个对象满足，那么这个对象就是那个指示符号的指称。

（4）如果上述指示符号不能产生任何唯一的指称对象，那么这个指示符号没有指称。

（5）如果指称对象存在，则指称对象具有某些特性，这可为说话者先验地认识。

（6）如果指称对象存在，则指称对象具有某些特性，这个陈述表达了一个必然真理。

克里普克对这些论题一一提出反例，认为它们都会为假。上述第二、第三、第四条都有显然的反例（此处不赘述）。第一条是描述词理论的预设前提，这个预设的麻烦在于似乎每个人对一个名称的涵义都可能有不同看法，那么如何沟通呢？描述词论者可能会提出，为了能够交流，一个语义共同体对于一个名称的涵义有一个约定，不过某个说话者由于自身认知限制，没有认识到这个名称某些方面的涵义罢了。克里普克认为借助约定及语言共同体并不能解决问题，比如对于汉语共同体来说，怎么看待"西西罗是图利"这个命题呢？因为汉语共同体中有部分人并不知道"西西罗是图利"，那么，这个共同体和这共同体中的部分人所面对的是同一个命题吗？如果是的话，那部分人不可能不知道这命题；如果不是的话，那就没有共同体所拥有的命题了。第五条混淆了先验性和必然性，先验性是认识论概念，必然性是形而上学概念。比如哥德巴赫猜想（即一个比2大的偶数必定是两个素数之和），虽然我们知道这个猜想必然有解，然而对这一点只能具有后验的认识。第六条是指许多描述词理论者认为，比如苏格拉底具有赋予他的种种特性的逻辑总和。这是一个必然事实，而克里普克认为根据语义直觉，说苏格拉底是柏拉图老师显然是偶然真理。

认为专名具有涵义，并将涵义看做是严格固定指称的模式，克里普克觉得这个理论本身漏洞百出。其根本原因在于：首先，一组必要而充分的条件（即描述词）是永远无法得到的；其次，认为对象可以通过一些独一无二的识别特性来命名，是错将先验性等同于必然性。混淆了先验性和必然性的人会认为，用来识别那个被先验地认识的对象的那些属性，必须在所有可能世界中都是识别出那个对象的标识；然而描述词

57

并不具有这样的指称功能，不能无视名称与限定描述词的根本性区别，也不应将固定名称指称的描述词看做是名称的同义词。克里普克坚持认为，"可以用名称来进行严格指称，并且规定所谈论的是本来会发生在他身上的事情，超世界的同一性才没有问题，而不是相反"，也就意味着"关于非真实情形的事物不是被发现的，而是被规定的"①，也就是坚持了他关于认知可能性与形而上可能性的严格区别。对于克里普克而言，即使一个说话者对一个名称的涵义毫不所知，也丝毫不影响他能用那个名称成功地谈到那个人。

综上，克里普克认为指称名称在信念语境中互换的显著失败，并不能通过名称涵义的不同得到解释。此外，他认为罗素和弗雷格在解释信念语境互换问题时，已经预设了说话者将名称与不同的限定描述词进行了连接。因此，信念之谜的存在也并不能反证弗雷格涵义理论的合理性。他在《信念之谜》一文中又进一步讨论了去引号原理和翻译原理，认为这种语境中也会产生类似于信念语境的谜。他本人也认为自己并没有解决这个问题，因之将其称为"谜"——信念之谜，并建议通过修正信念归属方法来解决这个问题。

克里普克除了论证描述词理论的错漏，认为弗雷格涵义理论无用，还反对将语言的意义看做是实在或对象。对于弗雷格来说，信念语境中语词的指称对象是通常情况下的涵义，因此，一般将弗雷格式涵义看做是抽象实在。克里普克认为意义是规范性的而非实在性的，这个论证是克里普克在解读维特根斯坦的语言游戏如何遵从规则时做出的，后来被称为 Kripkenstein（克里普克与维特根斯坦名字的合写），即"克里普克式维特根斯坦"（简称 KW）。维特根斯坦曾详细讨论过"约翰认为'+'的涵义就是加法（或相加函数）"这个问题，那么这到底是什么意思呢？是加法（或相加函数）这个东西或其他什么相应的东西决定了"+"的意义吗？克里普克的论点是这样的："事实上没有构成约翰

---

① Saul Kripke. Naming and Necessity ［C］// Martinich Aloysius. The philosophy of language，3rd ed. Oxford：Oxford University Press，1996：259.

通过‘+’意味（meaning）这件事而非其他事的东西，事实上也没有构成他将‘+’与这个涵义而非其他涵义联系起来的东西。换种说法就是，意义或涵义归属本身不具有涵义，它们本身没有真值条件，既不真也不假，也即意义归属将会成为无意义的。"① 这里的论证策略是这样的：假设存在能决定涵义的事实，那么这样的事实必定存在于某处，并且完全能够被我们认知和把握。如此的话，关于这样的事实的特征的特定陈述就需要得到辩护，然而我们无法对这样的事实做进一步辩护。也就是说，意义的意义是什么仍然是需要辩护和说明的。因此，我们或许根本无法找到这样的事实，即这样的事实并不存在。这就是克里普克的对涵义的怀疑主义。这个论证在语言哲学中的影响是很重大的，不但打击了意义的意向性学说，从此人们更加明确地认为语言的意义是规范性的，规范性成了意义理论必须考察的范畴。

认识论的自然主义者蒯因也反对作为抽象对象的涵义，这主要体现于他在《经验主义的两个教条》中对分析和综合的传统区分的抨击，以及他的翻译不确定性论题。他认为："意义是一种什么东西呢？感到需要有被意谓的东西，这可能是因为以前不曾懂得意义和所指是有区别的。一旦把意义学说和指称学说严格区分开，就很容易认识到只有语言形式的同义性和陈述的分析性才是意义学说要加以探讨的首要问题，至于意义自身，若作为隐晦的中介的话，就完全可以被抛弃。"② 这里的意义就对应于弗雷格的涵义。对作为实在的意义的反驳，具体论证体现于蒯因在《语词与对象》中提出的著名的"gavagai 思想实验"③，也就是关于彻底翻译的思想实验。这个论证表面谈论的是彻底翻译问题，实则是在谈论意义问题。蒯因的论证思路简述如下：

① Miller A. Philosophy of language ［M］. Montreal Ithaca：McGill-Queen's University Press，2007：165.

② W V Quine. 1953. Two Dogmas of Empiricism ［C］//Martinich Aloysius. The philosophy of language，3rded. Oxford：Oxford University Press，1996：40.

③ ［美］蒯因. 语词和对象 ［M］. 陈启伟，等，译. 北京：中国人民大学出版社，2005：30-32.

（1）句子 2 正确地翻译句子 1，当且仅当这两个句子具有同样的意义。

（2）句子 3 正确地翻译句子 1，当且仅当这两个句子具有同样的意义。

（3）如果存在意义实在，那么意义实在就可传递，句子 2、句子 3 都具有同样的意义。

（4）显然，具有同样意义实在的句子，逻辑上必然是相容的。

在承认这四个论题成立的条件下，如果能给出事例说明存在句子 2 和句子 3 逻辑上不相容的情况，那么，意义实在就不可能存在。

蒯因就试图通过"gavagai 思想实验"来说明句子 2 和句子 3 在逻辑上不相容的情况。在彻底翻译情境下（即对一种完全陌生的语言进行翻译），不能做任何关于意义及信念的其他预设，只存在有音节、环境、土著赞同与否的态度间的某种稳定关系，也就是蒯因认为的这种交流只可能建立在"刺激意义"（Stimulus-Meaning）的基础上。这种翻译类似于程序员对计算机输入指令，然后看计算机做何反应，从而达到人机交流；但计算机内部状态对程序员来说就是一个黑箱，无从了解。假定完全陌生的土著语中有个句子"gavagai"，每当兔子经过时，语言学家说出"gavagai"，土著都会对这个句子做出赞同反应，这样，语言学家就会将"gavagai"翻译成"兔子"。然而，蒯因认为语言学家也完全可以将"gavagai"翻译成"有兔子的时间段"或"不可分离的兔子部分"，这些翻译按行为主义的标准都是恰当的，但"兔子""有兔子的时间段""不可分离的兔子部分"分别是对"gavagai"在逻辑上不相容的翻译。因此在这个彻底翻译情境下，翻译是不可确定的，意义实在是不存在的。

二、对质疑的回应

罗素认为有意义就有真假，如果"法国国王是秃子"有意义，那么它就具有真假；如果这个句子为假，那么其否定句"法国国王不是秃子"就为真。于是，他认为弗雷格的涵义理论导致矛盾。但是，对弗雷格来说，有意义的语句并不一定有真假。你跟持有弗雷格立场的人说"法国国王是秃子"，他不会认为你判断错了，他会回应说"现实世界中不存在法国国王，至于是否秃子，那就更不知道了"。对于弗雷格来说，文学作品表达了许多思想，但是并没有真假问题。罗素的描述词理论较好地解决了空名问题，但是空名问题并不构成对直接指称论的真正威胁。比如布劳恩（David Braun）不借助描述词理论，而是借助一种未填充的命题观也可以解决空名问题。① 这种命题观认为含有空名的命题在某种意义上是不完整的或未填充的，能够容纳空名不具有语义值的立场，能够解释我们关于空名或含有空名命题的语义直觉，并且允许含有空名的命题也有真值。对直接指称论提出真正挑战的是信念之谜和认知价值问题，也就是弗雷格之谜这个难题，前面已讨论克里普克曾反复论证过描述词理论不能解决这个难题。然而，现在人们已经认识到，将名称的弗雷格式涵义理解为其对应的描述词并不恰当，因此描述词的困难并非弗雷格涵义理论的困难。罗素的描述词理论不但不能消去弗雷格的涵义，也不能更好地解决弗雷格之谜。

克里普克区分了严格指示词和非严格指示词，认为专名是严格指示词，它直接指称对象，没有任何描述意义。然而，专名真的就没有任何描述意义吗？这是有疑问的，比如人们在为幼儿取名字时是有讲究的，也就是要考虑所取名字的寓意。显然许多专名具有某种寓意，这种寓意虽然可能与被命名者没有任何描述关系，但对于语言共同体来说这专名本身就是有意义的，也就是说，专名的涵义也许跟语言共同体的关于语言使用的约定有关，斯特劳森等间接指称论者就强调关于专名的这种认识。此外，克里普克做出此种区分是出于一种更重要的考虑，也就是如何在更好的语言分析基础上，建立模态逻辑。从效果上来看，这种区分为可能世界语义学的建立提供了一种基础：严格指示词所指称对象具有跨可能世界的同一性，这一特性保证了可能世界这个概念能够合理地用在对模态词的定义上。然而，克里普克自己也承认这种区分并没有解决

---

① Braun D. Empty Names［J］. Nous, 1993, 27（4）: 449-469.

信念之谜。

萨蒙将弗雷格之谜看做是关于信息值的谜，然而这是不妥当的，因为信息值并不简单地等同于语义值。信息值是一个包含内容更广泛的概念，包括语气、情态等。一个句子除了具有它所表达的判断内容（也即思想）这种信息值外，显然还具有其他并非判断内容的信息值。表达式"a=a"与表达式"a=b"所具有的不同信息值，对弗雷格而言，就是指这两个表达式表达不同的思想，或者这是两个不同的命题，或者是不同的真值载体。按照直接指称论的立场，这两个等式具有不同的信息值与其语义值是无关的，他们认为是其他（语义值以外的，比如心理学的或语用学领域内的）某些东西使得这两个等式具有了不同认知价值。然而，这种将难题推给心理学或语用学的做法并不能让人信服地抛弃弗雷格式涵义。

自从弗雷格的方案被克里普克质疑后，如何面对弗雷格之谜惹起纷争，弗雷格的方案不被直接指称论者认可，而直接指称论者似乎也不能提出自己成功的方案。对此，陈星群有过综述①，他认为解决此谜题基本上是两种方案，即语义方案和语形方案。语义方案试图通过增加新的语义值来解谜，并且其中有两种倾向。第一种是保留涵义并增加新的语义值，如周北海；第二种是去除涵义，增加另外新的语义值，如比勒（Bealer）。语形方案则诉诸语形的构造，其典型代表是基特·范恩。陈星群认为两种方案都不成功，前一种方案面临着高阶指称的弗雷格之谜，后一种则偏离了使用符号的原意。

难道弗雷格之谜真是无解的？不若溯本归原从弗雷格之谜的提出来看看这个问题的本质是在问什么。它追问的其实就是：语言表达式所传达的认知信息内容是什么？该如何分析语言意义的构成结构？对这种认知信息内容（可判断内容）进行完全形式化的刻画可能吗？逻辑语义学对于语言意义的解释就是足够的吗？对这个谜题的解答不但要就语言

---

① 陈星群. 弗雷格谜题的无解性 [J]. 湖南科技大学学报（社会科学版），2014（3）：30-35.

形式方面进行分析和描述，还要就语言的运作方式、语言的本质进行讨论，也就是要进行哲学语义学（即元语义学）的讨论。虽然弗雷格的涵义作为实在的看法遭到了蒯因和克里普克的比较有力的反驳，但是弗雷格对于涵义的本质并没有十分详尽的描述，这也为我们继续坚持探索用弗雷格式的道路解答这个谜题留下了讨论空间。此外，这样的语义常识是坚持涵义理论的重要理由，即许多时候虽然我们不能确定一个句子的真假，但是我们却能获得这个句子带来的信息，也就是说对于知识探究过程，涵义是很重要的。

第四节　语言意义的两个层次

弗雷格关于涵义和指称的区分对语言哲学甚至语言学领域都产生了重要影响，虽然有些人不赞同弗雷格的涵义理论，但并非不赞同这种对语言层次的洞见和分析，比如蒯因虽然反对作为实在的意义概念，但是他认为正是从弗雷格开始，人们才明确地区分了意义学说和指称学说。虽然弗雷格并没有明确地提出他的语言意义理论，不过他既不赞同使语言符号的意义穷尽于其指称对象，也不赞同将主观印象、意念等心理因素视作语言符号的意义，于是现在学界已基本达成共识，即弗雷格的意义理论由其涵义理论和指称理论两部分组成，且指称理论是涵义理论的基础。这种理论实质上是关于语言意义的三元论立场（语言符号-涵义-指称），有别于语言学鼻祖索绪尔的二元论（能指-所指），因此也对语言学领域的研究产生了重要影响，这种意义理论与皮尔士的三元符号学（符号载体-解释项-所指对象）也颇有相似之处。

弗雷格关于语言符号的意义的两个层次的区分，显示出他关于语言意义本质的深刻洞见，语言符号具有两个层面的功用，即：指称其所指，表达其涵义。语言的意义既与所指称的对象本质相关，又与语言符号的用法本质相关。这也对应了语义学中的两个重要概念，即意向性和规范性。语言表达式的指称能够解决逻辑上的等值替换原则，而其涵义能够解释认知价值等问题。这也暗示了语言符号三合一的性质，语言符号向说话者代表着某个对象，在被谈论对象和说话者之间起中介作用，这就是所谓的指称问题；而对一个语言符号意义的解释又需要由另一个符号来完成，这另一个符号或者是关于对象的描述词，或者是关于被解释符号的使用规则，又或者是其他，这也就是所谓的那个作为中介的涵义。

　　涵义理论与指称理论虽密切相关，但它们有各自的问题域。比如对于专名来说，专名的涵义理论要解决的问题是：专名有涵义吗？如果有，其涵义是什么？专名的涵义如何为我们把握？专名的涵义与其指称对象又有什么关系？指称理论要解决的问题则是：语言表达式有指称吗（或指称一个对象吗）？如果有，其指称究竟是什么？我们通过何种方式确定语言表达式的指称？因为涵义理论和指称理论联系紧密，导致有时它们的区分会被模糊或忽视，比如罗素有时就没注意到这个区分，他有时说专名只有指称没有涵义，有时又说专名的意义只在于其指称对象。而对于这两个理论，不同的哲学家有不同的看法，如蒯因认为意义（即涵义层面）问题不过是关于语言形式的同义性和陈述的分析性问题，普特南认为涵义是事物本质属性的总和，而指称是语词概念与世界的契合。

一、语言符号的指称

　　虽然弗雷格的涵义理论被谈论得最多，但是其实对于弗雷格而言，他所看重的是语言符号的指称而非涵义，因为弗雷格首先是个逻辑学家，逻辑是研究真的规律，这是指称层面的事情。弗雷格在"《概念文字》时期"只关注语言的指称问题，致力于从句法上澄清意义问题。而指称也是比广义的语言的意义理论更技术、更准确和更重要的概念，从后来形式语义学的大量工作可以清晰地看到这种趋势。"指称"一词译自弗雷格的 bedeutung，这个词在英文翻译中经历过波折和争论，英文中开始将其翻译为 meaning \ mean、denotation \ denote 等，后来多翻译为 reference \ refer，中文对应的翻译则有意谓、所指、指称等，本书采用"指称"这个翻译。"指称"这个词的含义也是含混的，有时指指称这种语言功能，有时则指被指称的对象；然而，根据行文背景这并不会对我们的理解造成实质性障碍。

对于弗雷格而言，仅与真值相联系时，才考虑指称问题。涵义与指称的区别并非传统的内涵与外延的区别，也不是抽象对象与物理世界事物的区别。关于间接指称论，前面论述是从它作为一种意义理论的角度来讨论的，而间接指称论其实首先是一种指称理论，也就是对于弗雷格来说，语言符号并不能直接指称到事物，而是必须通过涵义这个中介才能指称到事物。同样的道理，弗雷格认为不能直接达到事实，必须通过思想才能达到事实。作为一种指称理论的间接指称论认为，专名的指称是个体对象，谓词的指称是概念，句子的指称是真或假，其中个体对象是世界上存在的客观事物，概念是抽象世界中的存在物。追求真理就是从涵义推进到指称，指称理论就是寻找词与世界的关系，这个过程是要付出实践努力的。当然，由于说句子的指称是真值似乎有点奇怪，有人提出对弗雷格的指称理论进行修改，比如前述陈晓平的许多工作。

当然前面讨论的直接指称论也首先是一种指称理论，这种理论认为语言符号直接指称其命名对象。然而，关于语言符号如何指称到其对象是有争论的，作为指称理论中的不同立场，描述词理论和历史-因果论对指称就有不同的看法。描述词指称理论认为，一个名字指称一个特定事物，是因为这个事物满足与这个名字相联系的描述词。克里普克反对这种指称理论，提出了其著名的"历史-因果"指称论，认为名字之能指称一个特定事物，是由于它与这个事物存在实实在在的"历史-因果"链条。而埃文斯又不满意克里普克的指称理论，认为名字会随着时间流逝改变其指称，提出名字与其指称对象间的联系是以一定的信息为中介的，这种指称理论可以说是在综合描述词理论和"历史-因果"理论的基础上提出的。斯特劳森等则认为进行指称的并不是语言符号本身而是使用语言的人，所指称的事物处在说话者和表达的语境的某种关系之中。此外，关于指称对象到底是什么也存在争议。除了陈晓平对弗雷格关于指称对象的界定持有异议，有唯名论倾向的哲学家也将谓词的指称看做是类或集合。虽然涵义是否是语义概念存在争论，但是指称作为语义概念是毫无疑问的，所以有时又将关于指称的讨论看做是关于语义值的讨论。比如叶闯①就认为，指称性表达的语义描述在结构上有两个层次，即描述语义学对象特征的语义标记，以及描述指称性表达本身特征的语义标记。关于指称性表达的讨论有许多，更多的是集中在各种单称指示词（如专名、单称代词、限定描述词等）的指称方式上，这在前面讨论直接指称论时已有所交代。

二、语言符号的涵义

弗雷格直到 1890 年后才一致地使用 Sinn 一词，此前曾用"内容"（Inhalt）、"可判断内容"（Beurteilbar Inhalt）来表达相当于 Sinn 的想法，他后来一再强调涵义与指称的区分，《论涵义和指称》专门讨论了这个区分，这种区分也表现在其他文章，如《思想：一种逻辑研究》等文。根据弗雷格的表述，涵义解释了同指称专名的认知差异问题，是指称对象的呈现模式，因此涵义显然具有认识论价值。语言符号的意义中应该包含着这种东西，它不是符号本身，也不是指称对象本身，但是它能够使符号的指称对象以某种方式确定下来，这就是弗雷格从语言的意义中分离出来的"涵义"。在弗雷格看来，专名的涵义在于，专名以某种方式将它所指称的对象呈现给我们；谓词的涵义则是思想的一部分，因为谓词的指称是概念，对照他关于专名涵义的看法，也许可以进一步说谓词的涵义就是概念的呈现（或表达）方式；独立句子的涵义就是思想。思想是我们借以思考真的东西，既非外部的客观世界的物理性的东西，也并非内部的主观世界的心理性的东西，而是处在第三域的抽象实在。

指称理论关注语言与世界的关系，涵义理论则更加关注语言使用者与语言符号的关系，也可以说涵义理论关注理解，关注说话者与所使用语言的认知关系。语言表达式的涵义与其用法相关，而语言符号的用法也包含两个方面，一是与说话者的信念及知识背景相关，一是与这个语

---

① 叶闯在其专著《语言·意义·指称》中论证了此论点。

言符号与其所在语言系统中的其他语言符号的语法关系相关。因此。比如对于某个专名的涵义来说，把握其涵义，就要求在其所在语言系统中识别出该专名的能力，但并不要求说话者具有关于其指称对象的额外知识。如前所述，涵义理论是指称理论的基础，即使涵义作为逻辑语义概念是有疑问的，但是作为哲学语义学来讲，涵义依然是不可或缺的。比如，在丘奇看来，关于自然语言的语义学必须是几乎一切词语既指定涵义又指定指称。

　　关于弗雷格的涵义理论的基本特征，可以概括为以下几个方面："涵义与指称不同，前者是抽象的语言实在，后者是外界对象；有涵义是一个表达式有意义的充分条件和必要条件，一个表达式有意义与它是否有指称无关；相应于一种涵义，至多只能有一个所指对象，一个表达式的所指对象是它的涵义的函项；一个表达式的涵义决定了它指称对象的方式；不同的涵义可以确定同一个所指对象，因而，具有不同涵义表达式可以指称同一个对象。"① 而关于语言符号的涵义到底是什么，人们持有不同看法，有人认为是描述词，有人认为是指称对象的可辨识条件，有人认为是通向指称的可操作程序或路径，有人认为是说话者关于他所说语言的知识，等等，这些理解都源于弗雷格对涵义的说法，是对弗雷格式涵义的各种探索和解读。由于弗雷格本人对涵义的论述并不是特别清楚，甚至有不融洽之处，不少人在解读弗雷格式涵义时试图对这个理论进行改进或深化，比如陈晓平认为谓词的涵义应该是一个（以任意专名和那个限定的谓词构成的）句子集合，而非弗雷格含糊其辞的思想的一部分；斯特劳森等人则认为语言符号的涵义源于语言的用法约定和习俗规则等。弗雷格式的涵义具体该做如何理解，将是下一章的主题。

---

① 罗毅. 现代西方哲学的可能世界理论 [J]. 现代哲学, 1987 (3): 68.

第三章　涵义是什么?

第一节　弗雷格之谜中疑问

弗雷格从概念内容中做出涵义和指称的区分,他的涵义概念与传统的内涵概念是根本不同的,20 世纪 50 年代以前这个不同并没有引起特别的关注,比如卡尔纳普、丘奇等人表示很赞同弗雷格关于涵义和指称的区分,也赞同弗雷格的涵义理论,但是他们有时是将弗雷格的涵义作为传统意义上的内涵处理的。另外一种普遍误解是将弗雷格和罗素的专名理论放在一起,认为弗雷格所说的专名的涵义就是限定描述词;这种专名的描述词主义被紧密地与弗雷格的涵义理论结合起来了,造成这种误解的源头主要就是弗雷格《论涵义与指称》一文中关于"亚里士多德"的注释。① 这是弗雷格关于如何理解日常语言中的专名的涵义所举的少数例子之一,可以看到他对涵义的理解确实有描述主义之嫌。不过,经过对弗雷格语言哲学的深入研究,当前学界已基本达成共识,即不可简单地将弗雷格式的涵义理解为描述词,甚至不能用语言中的其他词项来表达涵义,如研究弗雷格思想的达米特、埃文斯、麦克道尔及圣

---

① 对于这样的专名,弗雷格承认关于其涵义的理解可能产生分歧,比如,有些人会认为其涵义是"柏拉图的学生和亚历山大大大帝的老师",另一些人则会认为其涵义是"生于斯塔基拉的亚历山大大大帝的老师"。可以看到,这里是将不同的描述词与同一个专名联系起来了。

斯伯里等著名哲学家都对此做过说明，而伯奇①更是详细反驳了将弗雷格式涵义解释为词语意义（Lingustic meaning）的错误。

传统意义上的"内涵"一般是指概念的内涵，也即是概念所反映的事物的各种属性之间的关系或者是各种属性的总和，有时也被称作是概念的内容。概念的内涵与其外延相对应，内涵一般是由定义的方式给出，也就是由一系列表达那些属性的语词给出。所以有时候也说，内涵呈现的是表达不同属性的词语间的关系。因此，概念词似乎是相关的描述词的缩写，内涵可以由相关的描述词表达。而弗雷格关于他的涵义概念最为人所知的说法则是，涵义是指称的"呈现模式"。他在《论涵义与指称》中讨论 a=a 与 a=b（当其为真时）的不同时认为，这两个等式的"不同之处的形成只能是由于符号的区别相应于被指称物的呈现模式的区别"②，随后他明确地提出了涵义这个概念："与一个符号相关联的，除了被指示的事物，即可称为符号的指称的东西以外，还要考虑那种我要称之为符号的涵义的东西，其间包含着呈现模式。"③

关于语言符号、涵义与指称之间的关系，弗雷格认为它们有着规律性的联系，即"相应于符号，有确定的涵义；相应于这种涵义，又有某一指称；而对于一个指称，不仅有一个符号"④。这种规律性的联系体现在各种语言符号或者说语言表达式中（专名、谓词、句子等），特别是弗雷格的概念文字系统更是要求严格遵守这一规律。弗雷格将函数概念引入语言中对句子进行分析，打破了传统逻辑将句子分析为主词和

---

① 这里所谓的词语意义就是指用其他语词来解释某个语词的意义，比如词典中所给出的对某个词的意义的解释，也即是指词典意义。参见伯奇的文章 Sinning Against Frege（Burge T. Truth, Thought, Reason: Essays on Frege［M］. Oxford: Oxford University Press, 2005: 213-239）。

② Beaney Michael. The Frege Reader［M］. Oxford: Blackwell Publishers, Ltd, 1997: 152.

③ Beaney Michael. The Frege Reader［M］. Oxford: Blackwell Publishers, Ltd, 1997: 152.

④ Beaney Michael. The Frege Reader［M］. Oxford: Blackwell Publishers, Ltd, 1997: 153.

谓词的传统；他认为复合句子由简单句子组成，简单句子可分析为主目和概念函项（也即一阶谓词），主目的语言表达一般是专名，一阶谓词的语言表达一般是表示属性或关系的概念词，专名和概念词的指称和涵义分别组合而成了句子的指称和涵义，这就是关于涵义和指称的组合性原则。

关于弗雷格的涵义概念，最早对其进行系统的总结和论述的是达米特，他认为弗雷格的意义理论是其关于涵义和指称的论述的总体，他将这些论述总结成了 10 条论题：（1）复合表达式的涵义由其组成部分的涵义组成；（2）涵义不包括心理印象；（3）表达式的指称由其组成部分的指称确定；（4）一个表达式可以有涵义而无指称；（5）不完整的表达式的指称也是不完整的；（6）专名的涵义给出了辨别被命名对象的标准；（7）真值是句子的指称；（8）间接话语中表达式不具有其通常指称；（9）只有在句子这个语境中，语词才代表事物；（10）我们的语词的指称是我们所谈论的事物。① 达米特关于弗雷格语言哲学思想的系统研究成了后来研究者最基本的参照，他所总结出的这些论题虽然有争论，但基本为学界所赞同。

米勒在弗雷格的涵义与指称的区分基础上，在承认弗雷格式涵义的前提下，将涵义理论和语义学的基本论题作了更仔细、更全面的概括和总结，共计 21 条：（1）句子的语义值是其真值。（2）复合语句的语义值由其组成部分的语义值决定（即语义值的组合性原则）。（3）句子中的一个部分由另外的具有相同语义值的部分替代，这个句子的语义值不变（莱布尼茨律，也就是保值替换原则）。（4）专名的语义值是其指称或代表的对象。（5）一个谓词的语义值是一个函项。（6）函项是外延的：如果函项 f 与函项 g 有相同的外延，那么 f=g。（7）谓词的语义值是个从对象到真值的一阶函项；语句连接词的语义值是个从真值到真值的一阶函项；量词的语义值是个从概念（一阶函项）到真值的二阶函

① Dummett M. Frege. Philosophy of Language ［M］. Cambridge，MA：Harvard University Press，1973：5.

项。（8）表达式的涵义是其意义的构成部分，它决定了表达式的语义值。（9）知道表达式的涵义而不知道其语义值，这是可能的。（10）表达式的涵义即是理解这个表达式的人所把握的（东西）。（11）表达式的涵义由其组成部分的涵义决定（即涵义的组合性原则）。（12）如果某人把握了两个表达式的涵义，并且这两个表达式实际上具有相同涵义，那么此人必然知道这两个表达式具有相同涵义（即涵义的透明性）。（13）即使表达式缺乏语义值，它也能具有涵义。（14）一个句子中包含缺乏语义值的表达式，那么这个句子既不真也不假。（15）在信念语境中，专名的（间接）指称是它的惯常的涵义。（16）句子中某个表达式被另外的具有相同涵义的表达式替换，这个句子的涵义不变。（17）句子的涵义是一种思想（即其真值条件）。（18）表达式的语义值不是理解这个表达式的人所把握的东西的组成部分（即指称对象本身不是语言所表达思想的组成部分）。（19）涵义是客观的：把握一个涵义不是拥有观念、心理印象或个人的心理的东西。（20）表达式的涵义是规范的：它包含这样一个规范性限制，这个规范性决定了表达式的哪些用法是正确的，哪些是不正确的。（21）除了涵义和语义值，（关于全面分析语言表达式）我们还必须引进语力（force）和语气（tone）的概念。① 这些论题综合了弗雷格的涵义理论和真值条件语义学的基本内容，并表明了二者之间的关系，即涵义决定指称，这是关于弗雷格涵义理论的另一个共识。从中可以看到，米勒明确地将语言表达式的指称方面看作是逻辑语义学的基本内容，也即语言表达式的指称即其语义值；而表达式的涵义既与人对语言的理解密切相关，又并非主观的心理事物，它与语义值间接相关。

在达米特和米勒对弗雷格的意义理论或语义学的总结中，我们可以看到其中的关键词依然是语言符号、指称与涵义三者。对此，弗雷格曾强调，讨论这几个概念时需要注意用词，他明确地规定了这样的用语，

---

① Miller A. Philosophy of language［M］. Montreal Ithaca：McGill-Queen's University Press，2007：86-87.

即一个专名表达它的涵义，意指或表示它的指称。我们用一个符号表达它的涵义，并用它表示它的指称。这是对符号、指称、涵义三个关于语言的不同层次的再一次强调，这种强调的意义在于，虽然弗雷格很重视涵义与指称的区分，但他认为逻辑学中真正要讨论的是指称方面的问题，而非涵义方面的问题。严格来说，逻辑学所关注的是句子指称的规律问题。句子的指称是真值，因此弗雷格认为逻辑的任务就是发现"是真"的规律。在这里，他特别区分了自然科学所研究的真与逻辑所研究的真，前者关注把哪些事物或规律看做真的，后者关注真是如何的。他认为"尽管所有科学都以真为目标，逻辑却以完全不同的方式研究真。它对待真有些像物理学对待重力或热。发现真是所有科学的任务，逻辑却是要认识是真的规律"①。因此，"是真"成了研究对象，逻辑学的任务就是给出"是真"的规律，当然这种规律不是心理学上的心理规律或思想规律，因为心理学以人的心理现象为研究对象，并不以"真"本身为研究对象。弗雷格认为"是真"的逻辑规律并非法律或道德规范意义上的规律，而是如同自然科学所发现的科学真理那样的自然规律。所以，逻辑学"发现是真"的规律，而非"规定是真"的规律。

弗雷格所重视的是句子的指称（真值）的规律，然而，涵义也并非不重要，因为所有的句子的指称要么是真要么是假；指称中所有的其他细节都消失了，因此只考虑句子的指称不能为我们提供认识，涵义与指称一起，才能为我们提供知识。涵义不但有决定指称的功用，并且是我们借以思考真的载体。那么这个真值载体到底是什么呢？弗雷格首先强调了他的反心理主义立场，认为不能将语言表达式的涵义混同于心理印象或表象（idea）这些主观的东西。语言符号对于人来说，既能够引起一系列的主观心理印象或表象，又能够传达人们进行交流的客观信息，还能够用来指示或代表客观世界的各种对象。这三个层次也可以看

---

① ［德］弗雷格. 弗雷格哲学论著选辑［M］. 王路，译. 北京：商务印书馆，2006：129.

作是语言使用功能的三个层次，第一个层次与语言用来表达与引起各种情感的功能相关，第二个层次与语言用来表达思想或传达认知信息的功能有关，第三个层次与语言用来谈论外在的世界的功能有关。因此，除了区分语言符号、涵义与指称的不同，弗雷格还专门区分了与语言表达式相关联的东西的三个层次，即表象、涵义与指称，他将这三个层次的区分用人通过望远镜观察月亮的类比进行说明，将观察者视网膜上的图像类比为表象，将通过望远镜内的物镜所显示出的真实图像类比为涵义，将月亮本身比作指称。涵义不是人创造的，而是人发现的，就如同望远镜物镜所呈现的图像不是人创造的而是人发现的一样。涵义是客观的、公共的，这是弗雷格关于涵义的另一个重要论题。

这种客观的、可以为所有语言使用者所把握的涵义或思想到底是什么呢？弗雷格认为它是一种抽象实在，位于第三域，他说："必须承认第三域（王路译为第三种范围）。这种领域内的东西在它们不能被感官感觉这一点上是与表象一致的，而在它们不需要它们属于其意识内容的承载者这一点上是与事物一致的。"① 这就是弗雷格的柏拉图主义立场的经典表达。思想不需要承载者，用当前心灵哲学的术语来说就是，思想不是随附性的，也不是功能概念，它是客观存在的实在，思想之间的推论关系（逻辑关系）也是客观的存在。涵义是第三域的实在对象，这是弗雷格关于涵义的本体论界定。

虽然弗雷格并没有特别详细和深入地论述涵义这个概念，也没有专门提出一种涵义理论，但他关于涵义的主要论点还是基本清晰的。然而，稍微仔细考究上述关于涵义的论题以及相关论题，就会发现其中也确实有容易引起争论和引人误解的地方，比如他一方面说一种语言符号只能对应一种涵义；一方面又对"亚里士多德"的涵义作了不同理解的注释。一方面说涵义是指称对象的呈现方式或被给予方式；一方面又说没有指称的语言表达式照样可以具有涵义。一方面说涵义是说话者对

---

① ［德］弗雷格. 弗雷格哲学论著选辑［M］. 王路，译. 北京：商务印书馆，2006：144.

于他所熟练的语言所把握的东西；一方面又说涵义跟心理事物无关，是完全客观的。一方面说符号、涵义与指称的区分在理想语言（概念文字）中才能得到很好贯彻，日常语言有诸多不如意之处和缺陷；一方面又着重讨论了诸如"我"这样指示词的涵义，这样的表达式在纯逻辑系统不会出现，但对日常语言则是十分重要的。一方面说语词的涵义完全独立于指称；一方面在讨论指示词的涵义的时候又说其涵义依赖于指示词的指称对象（如"我"在不同的语境中具有不同的涵义）。一方面说思想没有承载者，独立于任何进行思考的说话者或认知主体；一方面又似乎承认不同的人对同一语句会认为它表达了不同思想。

弗雷格在讨论涵义（或思想）时确实出现了不一致，这或多或少显示了他自己对其涵义概念的不确定，一方面认为思想不应受指称对象及认知主体的影响；另一方面从常识和语义直觉来讲又难以摆脱分析语词涵义时对指称对象及认知主体的考虑，这就形成了一种难以调和的张力。比如说单称指示词这种词类，它们在日常语言中普遍应用，是很重要的语言现象，然而它们的涵义看似简单却难以确定。如果说"我"这个人称代词的涵义是固定的，那么，根据涵义决定指称，那么所有的"我"都应该具有相同的指称了，这显然是怪异的。如果说"我"的涵义是不固定的，那么它的涵义势必就是指在不同的语境下的不同的说话者本人，然而，这又完全将"我"的涵义等同于指称了。弗雷格在论证"我"的涵义时，认为同样的指示词在不同情境中可表达不同思想，他又显然将这种妥协扩展到了对专名涵义的讨论，认为同一专名对不同人来说也表达了不同的思想，这与他关于"亚里士多德的"涵义那个著名注释相呼应。这种妥协显然使得他关于涵义与指称的区分模糊起来了，他对这种妥协也显然是不甘心的，最后只得解释说这是由于自然语言的缺陷所致，至少在概念文字或理想语言中（或科学语言中）不应该出现这种不符合他的"符号-涵义-指称规律"的东西。也正是弗雷格涵义理论中的这些不协调，导致有些学者，如特克斯特①（Mark

---

① Textor M. Frege on Sense and Reference [M]. London: Routledge, 2011.

Textor）认为弗雷格涵义与指称的区分及其涵义理论只适合于他的概念文字或理想语言，却并不适合于日常语言。需将弗雷格的意义理论的某些论题作一定的弱化或妥协，以使其能够应用于日常语言。

对于弗雷格来说，涵义（及思想）需要具独存性、客观性、媒介性、共享性、组合性、可表达性，这些性质使得涵义理论能够在面对弗雷格之谜时具有解释力；然而，涵义又显然与说话者、指称对象、语言符号及其他语境因素有着难分难解的关联，面对各方面的要求和考虑，给出一个融洽且具有解释力的涵义理论确实不易。弗雷格涵义理论中的不协调，其实反映了他关于涉及语言使用者、语言、思想与世界等因素的语言哲学中的一系列哲学疑难的困惑，然而作为逻辑学家和数学家的弗雷格并不把研究兴趣主要放在这些问题上，他虽然也尽量清楚地解释了涵义（以及思想）这个概念，然而依然留下了诸多可供争议的论题。弗雷格用涵义解答了弗雷格之谜，然而对这一点是有争议的，质疑其解决方案的一大原因就是对涵义概念本身有疑问，因而弗雷格的涵义到底是什么就成了谜中之谜，而这个谜中之谜细分的话又可以分为三个，这就是涵义与指称的关系之谜、涵义与说话者的关系之谜，以及涵义的存在之谜。以下对弗雷格式涵义的解读将会直接或间接地回应这些谜题。

第二节　涵义的认知式解读

对涵义的认知式解读不同于传统的对涵义的描述主义的解读。这种解读的理论出发点是：不能简单地将弗雷格式涵义理解为词语意义，而且将弗雷格式涵义等同于词语意义是个根本性的误解。弗雷格的研究兴趣并不在约定的语词意义上，而在思想或认知内容的永恒结构上。弗雷格对涵义的分析也并不依赖于逻辑句法，这一点上与罗素有很大不同。比如罗素用逻辑的形式化工具分析了专名，得出的描述词理论成为分析哲学典范；而弗雷格将判断内容区分为涵义和指称，不但不依靠逻辑的形式化工具，反而是对语义形式化的一个预设。

弗雷格提出涵义的主要初衷是为了解决弗雷格之谜，以及相关的信念之谜，也就是不透明（或内涵）语境中的保值替换问题，这个问题牵涉到对认知价值或认知信息的解释。弗雷格说，"名称意味了呈现模式，这（句子）包含着现实的认识"①，呈现模式就是他所说的涵义。因此，也可以说涵义包含着现实的认识。由此可见，涵义有着重要的认识论作用，正是指称专名所具有的不同涵义扩展了我们的认知。谈到认知，必然就与某些非概念化的、依赖语境的东西，比如直觉、意向性等相关，然而，弗雷格在谈论涵义概念时很少谈论这些。也就是说，他比较排斥认识论，这大概是由于他时刻警惕自己小心逻辑上的心理主义的缘故，他不希望逻辑学继续受到各种认识论的威胁。并且，对于对逻辑语义学至关重要的指称概念，可以将它解释为是涵义的函项，这样既保留了涵义，使其与指称密切相关，又淡化了对涵义的认识论解释。然而，函项概念用在逻辑上的成功，并不能替代对涵义的界定。弗雷格对逻辑的重视遮蔽了他关于认识论的视线，也误导了后来的一些哲学家忽略了语义学理论与知识论的关系。

这也就是说，弗雷格式涵义概念的最初引入是用来解释信息性的，也即关于知识和信念的问题，这种涵义理论必然会提出一系列与认知相关的问题，因此，回到对弗雷格式涵义的认知解读是必要的。描述主义被遭到普遍质疑之后，这种认知式的解读受到了许多哲学家的重视，这种理解弗雷格的方式虽然会被质疑偏离了弗雷格的理性主义方法论和柏拉图主义本体论，但确实弥补了弗雷格对涵义讨论的不足。这种解读的关键点在于：注意到了弗雷格提出涵义与指称区分时，对认知价值的强调。从认知价值角度出发来讨论涵义问题，就要关注涵义是在哪方面具有认知价值，以及相应的认知差异如何理解，是否违反了弗雷格对涵义客观性或者透明性及可通达性的要求。弗雷格论证了思想是处于第三域的这个形而上学立场，他常从此出发，说明涵义的客观性。不过对客观性的解释，有形而上学解释与认识论解释之分，弗雷格论证了观念

---

① Beaney Michael. The Frege Reader [M]. Oxford: Blackwell Publishers, Ltd, 1997: 152.

（idea）是私人的不可被他人认知的，而只有涵义是公共的，可被认知和交流，这种论证是对涵义客观性的认知论论证，也从侧面说明了涵义与认知是密切相关的。

一、涵义作为对象的呈现模式

弗雷格关于涵义的本质最著名的表述就是："那种我要称之为符号的涵义的东西，其间包含着呈现模式。"① 这种说法一般被理解为，涵义就是指称对象（或语义值）的呈现模式，那么，专名的涵义就是所指个体的呈现模式，谓词/概念词的涵义就是概念的呈现模式，表达完整思想的句子的涵义就是真值的呈现模式，这种呈现模式应该包含关于指称的认知信息。并且，弗雷格认为理想语言中，"每个专名都有一种给出由专名表示的对象的唯一方式"②，也就是说，每个专名对应于一种对象的被给定的方式，也就是其涵义。

那到底什么是呈现模式呢？在意义问题上持不同立场的人会做出不同的解释。直觉主义者会认为，从字面上理解，受视觉中心主义的影响，应将呈现模式看做是心灵之眼直接把握的、不可分析的东西，这样的涵义不是语言的东西，而是某些跟描述性有关的信息。描述主义者则认为所谓呈现模式就是一系列语言表达出来的描述性条件，根据它能够挑选出其指称。逻辑实证主义则会建议，对象的呈现模式就是其决定模式，也即一套程序或手段，人们将其实施后可以决定指称；相应地，语句的涵义就成了决定其真值的手段，也就是证实或证伪的手段。推理角色语义学在分析弗雷格的呈现模式时则说，呈现模式就是呈现的纯粹概念模式，或规范指称的方式，即语言表达式在推论过程中呈现的推理角色，对于专名来说，唯一满足这种规范方式的东西就是这个专名的指称。弗雷格关于指称与涵义的分析，其实也是关于引入一个对象（刻

---

① Beaney Michael. The Frege Reader [C]. Oxford：Blackwell Publishers，Ltd，1997：152.

② ［德］弗雷格. 弗雷格哲学论著选辑 [M]. 王路，译. 北京：商务印书馆，2006：139.

画一个词项的指称) 和说出关于那个对象的某些事情 (表达一个涵义) 的区分。所以, 无论怎样琢磨 "呈现模式" 这种表达, 其要义是, 符号与对象的呈现模式间有着规律的联系, 且这种呈现和语言符号表示出的关于指称对象的某些信息值相关。某个呈现模式就是以某种特殊方式引进其相应对象, 且这种特殊方式能够帮助说话者辨认其指称, 否则的话, 就称不上是对象的呈现模式了。同时, 同一个对象的不同呈现模式之间是独立的, 从对象的一个呈现模式我们并不能推论得到其另一个呈现模式, 除非借助于关于对象的新的认知。

不过, 将涵义理解为对象的呈现模式面临着一个显著困难, 也是被讨论得最多的问题, 那就是如果没有指称对象, 呈现模式又该如何理解? 这也就是无指称的涵义问题 (Sense Without Reference), 相关的讨论一般围绕空名的涵义问题展开。弗雷格多次讨论过这个问题, 如 "离地球最远的行星", 荷马史诗中的 "奥德赛" 等, 他认为这些专名显然是有涵义的, 不过它们是否有指称则不确定。因此, 其所在的合语法规则的语句也是表达思想的, 不过无法确定其指称, 也就是其真假不定。而对于确定没有指称的空名, 如小说中的人物名称, 这些名称也是有涵义的, 不过其所在的语句并没有真假。弗雷格认为, "如果只考虑句子的涵义, 即思想, 那么就不必去探讨句子部分的指称。为了句子的涵义, 可以只考虑句子部分的涵义, 而不考虑它的指称。不管 '奥德赛' 这个名字有没有指称, 思想不发生变化"①。这似乎是说, 指称的存在与否并不影响对涵义的表达, 涵义是独立于指称的。同时, "专名必须至少有一种涵义, 否则它就会是一串空的声音, 并且不正确地被叫做名字"②, 而没有指称的专名一般是被虚构出来的。在虚构中, 我们假定专名有一个指称, 虚构专名也表达涵义, 其所在句子所表达的思想也属于虚构。对弗雷格来说, 涵义虽然是指称的呈现模式, 但它又是独

---

① Beaney Michael. The Frege Reader [M]. Oxford: Blackwell Publishers, Ltd, 1997: 157.

② Beaney Michael. The Frege Reader [M]. Oxford: Blackwell Publishers, Ltd, 1997: 180.

立于指称的。

　　既然如此，又如何能说涵义是指称对象的呈现模式呢？以及虚构或假定的指称又如何能够呈现呢？虽然将涵义理解为呈现模式是一个有吸引力的想法，这可以看做是弗雷格关于每个专名只有一个涵义的约定，即每个专名对应于一种呈现模式，但是这种约定是什么并不清楚。另外，之所以提出涵义概念就是要用它来解决指称对象的不透明情况的。也就是说，我们可能在不同的情境下遭遇同一个对象，然而却将它想作是不同的；或者也可能在不同情境下遇到不同的两个对象，却将它们看做是同一个。而就呈现模式本身来说，它或许是透明的，或许是不透明的。假如它是不透明的，也就是说，我们可能在不同情境下遭遇了相同的呈现模式，但是却没有意识到这一点；这样的话，我们就又需要对这一点做出解释。然而，呈现模式本来就是用来解释不透明语境中的指称问题的，这样就陷入了解释的无限后退。假如呈现模式是透明的，那么，我们就不可能在相同情境下遭遇相同的呈现模式，却没有意识到这一点；然而，这样的呈现模式必然就是主观的精神事物，这样的话，在对语言表达式的公共使用（语言交流）的刻画中，也就没有了"呈现模式"的位置。涵义是指称对象的呈现模式，与没有指称的语言表达式依然具有涵义，这两个论题看来是不融洽的。因此，圣斯伯里等人建议保留涵义，但无需用呈现模式对其界定，也即认为呈现模式并不是涵义的根本性特点，从而保留一种最小限度的弗雷格主义。

　　不过，也有人认为鉴于呈现模式对理解弗雷格式涵义的重要性，并不一定非要抛弃它，而是可以对它做一定的改进。人们既可以按照不同的方式做事，也可以打算或意图按照不同的方式做事，类似地，名字能够以某特定方式指称某个事物，也能够以某种特定方式指称某个事物。这是因为，语言表达式能够以这样一种方式被引进，它有这样的一个指称条件，但是没有对象能够满足这个条件。因此，空名虽然实际上并没有指称某个对象，但它可以意图以某特定方式指称某个对象，这种特殊方式由指称条件刻画。表达式可以表现得好像有指称，这是因为或者它的构成是语法上正确的，或者存在着相对于它的再次辨认某个对象的标准。出于这种论证思路，特克斯特认为"意图指称一个对象"是具有涵义的充足条件，而相应地，指称对象的呈现模式最好修改为"意图的呈现模式"。不过他并不认同弗雷格关于符号-涵义-指称间的严格规律，认为日常语言并不是设计用来保证严密的推理论证的，因此，无需将弗雷格涵义与指称的严格区分用于日常语言。

二、涵义作为到达指称的路径

弗雷格认为，对于专名来说，它须通过涵义这种媒介，并且也仅能通过这种媒介与其命名的对象联系在一起。对于句子来说，句子的涵义是作为这样一种东西而出现的，借助它能够考虑是真的（句子的指称）。因此，具有不同涵义但相同指称的语言表达式，就像是不同的道路导向同样的目的地。因此，涵义被比喻为一条路径，从语言表达式到语言表达式的指称的路径，这就是涵义的路径之喻（route model）。从语词进到涵义，再从涵义进到指称，语言表达式是出发点，其指称对象是终点，中间的路途就是涵义，这条路径必然是直接的，而不能是弯弯绕绕的；否则的话，就需要除了涵义之外再设定其他概念了。起点相同，路径相同，必然会到达同样的终点，也就是确定的语言表达式通过一条固定的路径必然会到达确定的指称，这也就是涵义决定指称论题。其中，路径/涵义就是指称被确定的方式。参照弗雷格提出的语言符号-涵义-指称的规律性联系，从不同的专名出发，通过不同的涵义路径，可以到达相同的指称，这就是涵义与指称间的可能的多对一的关系；如果出发点相同，终点相同，那路径必然是相同的，也就是同一个专名所指称的对象与其自身等同，也就是同一个专名对应一个确定的涵义。由此可见，涵义的路径之喻是比较贴切的。但是这个比喻并没有说明涵义与指称之间的联系具体是怎么建立起来的。一般认为涵义与指称之间的联系，就是指称被确定的方式。比如，对于专名来说，其涵义就是对指称被确定的方式作出的贡献。而把握专名的涵义，就是辨认出一个对象作为语词指称的那种方式。

与涵义作为对象的呈现模式面临的难题类似，涵义作为到达指称的路径也面临着如何解释空名的涵义的问题。一条路径可以没有终点吗？对于弗雷格这是没问题的，一条路径甚至可以没有起点，因为思想是可以独立于语言的表达而存在的，从来没有被人类思考过的思想也是客观存在的。然而，如果不认真接受弗雷格的柏拉图主义立场，那也就难以承认一条没有起点的路径，如此，一条路径没有终点也就成了问题。达米特①对此的回应是，不一定非要预设一个有确定目的的路径，路径可以通向无处（nowhere），并且认为涵义和指称的区分应用于科学等求真领域比较恰当，而要将涵义理论应用于不完善的自然语言，就势必要做出某些妥协，也就是在自然语言中不做如同科学语言中的那种严格分析界定，这样就可应对空名难题。他在区分了说话者指称和词语指称的基础上，认为一个人对某个名字的指称知道多少，甚至有错误认知，并不影响这个人对这个名字的正确使用，也并不妨碍说这个人知道这个名字的涵义。理解一个名字，并不必须辨认出那个对象来，这也就相当于说，走在一条路上并不需要知道这条路到底通向何方。同时，达米特认为在名字的涵义与关于其载体所具有的信息之间，我们不可能有清晰的界限，辨认指称对象并不存在充足条件，也就是说指称被确定的方式是难以详尽描述出来的。如果说表达式的涵义是由决定其指称的方式决定的，那么不同的人似乎可以用不同的方式来确定指称，涵义的客观性又何在呢？达米特对这个问题的回答是借助于话语共同体，他认为，涵义是确定指称的方式，其实是一种高度抽象化的表达。对于这种妥协，马金②认为并无助于问题的解决，他认为不管是弗雷格本人还是达米特，将空名如何能具有涵义的难题看做自然语言的缺陷都是不成功的，并且达米特关于"可以没有目的地的路径之喻"的说法是没道理的。路径可能通向预期的目的地，可能没有通向预期的目的地，但不可能不通向任何地方，或者说我们可以对路径到底通向何方并不感兴趣，但这不等

---

① Dummett M. Frege：Philosophy of Language［M］. Cambridge，MA：Harvard University Press，1973：81-90.

② Makin G. The Metaphysics of Meaning：Russell and Frege on Sense and Denotation［M］. London：Routledge，2003：1-7.

于说路径可以没有目的地。如果对于涵义概念来说，作为通向指称的路径是根本的，那么不通向一个指称的涵义就是不可能的，没有目的的路径不能被看做是路径。

埃文斯①也讨论了弗雷格式涵义的路径之喻，他认为空名的涵义具有并非它表面看来那样的涵义。因为弗雷格讲空名的时候，经常提及虚构。因此，埃文斯认为空名的涵义就是伪造的或者模拟的涵义（Mock Sense），这里面包含着肯定和否定两个方面，肯定的方面是：确实不像包含有无意义词语的句子那样，含有空名的句子也具有涵义。否定的方面是：含有空名的句子也确实不具有一般句子那样的涵义，因为它的功能不恰当，它只是好像起了那样的功能。不过，如果将弗雷格的虚构的涵义解读为不是真正的涵义，那也就相当于说空名根本上不具有涵义了。从弗雷格的本体论出发，是否有无指称的涵义，这不是一个语言问题而是一个形而上学问题。如果没有无指称的涵义，那么就根本不会有语言上的错误行为能使得它存在；如果有无指称的涵义，接下来才可以接着问在语言中它们是否可被表达。对于弗雷格而言，语言确实创造了指称关系，但并没有创造出涵义，语言只是反映了形而上学框架所提供的东西，也就是说语言只是表达了涵义。

由此可以看到，涵义的路径之喻、空名具有涵义与弗雷格关于涵义的本体论是很难融洽的，三者不可兼得。达米特认为意义理论就是理解理论，从说话者的角度来看待路径之喻，路径可以没有目的，如同人在路上走不一定到达目的地一样，因而他倾向于认为这些理论都是和谐共处的，不过马金认为达米特这样解读弗雷格式涵义并不恰当。当然，这或许也是由于弗雷格涵义理论本身的不融洽造成的。马金认为，类似于呈现模式只是涵义的非根本性特征，路径之喻也不能很好地说明涵义，它需要为没有指称的涵义让路，只有指称存在时，涵义才能看做通向指称的路径，因而路径之喻也并不具有普遍性。

---

① Evans G. The Varieties of Reference [M]. Oxford: Oxford University Press, 1982: 18-21.

卡茨①则完全不赞同涵义决定指称的论题，认为这个论题至少面临三个困难，即：这种对涵义的说明在固定外延结构时太严格了，排除了真正的外延可能性；在固定内涵结构时又太不严格了，导致出现了不确定性论题；还会导致将涵义概念还原为指称的后果，这种涵义向指称的还原不能解释自然语言的涵义，并模糊了涵义间的所有界限。他不同意将涵义结构看做逻辑结构，比如将涵义看做从可能世界到外延的函项（涵义决定指称的形式化表达），提出了非还原的涵义概念，即不借助指称来解释涵义，涵义理论完全独立于指称理论。这种非还原的涵义理论认为，涵义不再是指称性属性和关系的决定者，而是涵义属性和关系（如有意义、无意义、同义、反义、多义、赘言等）的决定者，它是完全自洽的（即不依赖于指称），并且是语言内部的，甚至无需关注语言与世界的关系。不过很显然，这种理论虽然避免了涵义决定指称论题带来的难题，但是也走向了另一个极端，涵义完全成了语言内部的游戏。

三、涵义作为语言使用者的理解方式

语言表达式表达的涵义或思想必然要由人来把握，然后才能进入我们讨论的视野。然而，对于处于第三域的涵义，肉体凡胎的人类又如何能够把握它呢？弗雷格关于具有把握涵义能力的语言使用者的看法是，"一个专名的涵义要由这样的人来理解，他对专名所属的语言或标记整体有足够的认识"，同时，"我们能够对每个给定的涵义马上说出它是否属于一个指称，这有赖于我们对这个指称的全面的认识"。②人的心理活动能够把不同的语词同不同的心理表象或印象联系起来，类似地，人的思维能力也能把不同的涵义同不同的语词联系起来。弗雷格的这些言论就成了将涵义看做是语言使用者的理解方式的源头。从这种视角来说明涵义的立场的特点是：从语言使用者或语言共同体出发，来界定涵

① Katz J J. Sense, reference, and philosophy [M]. Oxford：Oxford University Press, 2004.

② Beaney Michael. The Frege Reader [M]. Oxford：Blackwell Publishers, Ltd, 1997：153.

义的本质，认为涵义与语言使用者的语言能力本质相关，又与语言使用者对世界的认知程度有关。

将弗雷格的涵义理论与理解结合起来进行讨论的典型代表是达米特。他认为，虽然在解释的序列中，语句的涵义是最基本的，语句涵义是解释的开端，也只有在语句中才能解释语词的意义；但在认知的序列中，语词的涵义则是基本的、第一位的，语句的涵义则是第二位的。这是因为，关于语句意义的知识是从构成语句的语词的意义中得来的，否则就不能解释我们如何理解新句子。也就是说，虽然离开语句我们不能把握语词的涵义，但我们可以单独理解语词。对单独语词的理解就是对它的认知；认知是解释的基础，因此理解语词或获取关于语词的知识是把握涵义的基础，这也就是弗雷格所说的把握专名涵义的人先要对专名所属的语言或标记整体有足够的认识。所以在达米特看来，意义理论必须首先是一种理解理论。我们对语句的理解来源与我们对构成其的语词的理解，我们先理解了语言，然后才在此基础上分析语言的涵义。我们对语词涵义的把握则包含在对其构成语句方式的把握中，以及对它们结合起来决定语句的真值方式的把握中。作为涵义的基础的理解理论，预设了人的使用语言的复杂的能力。那么何谓理解了某种语言呢？意义就是当一个人理解一个语词时，他所知道的东西，知道语言表达式的意义，就是解释了语言如何工作，不但包括如何做还包括了做什么。

理解首先是对语言本身的理解，然而，也有可能作为主体理解对象的是语言表达式指称的事物；埃文斯就是这样认为的，他认为可以将涵义看做是思考指称的方式。也就是说，语言符号使得我们考虑某个特殊对象，也就是其指称；不但如此，语言符号还会使我们以一种特殊的方式考虑到这个指称，并且，每个能够理解这个语言符号的语言使用者，都会以同样的方式考虑到这个对象。这种对应于语言表达式的特殊的考虑指称的方式就是其涵义。

弗雷格认为，对专名所属语言整体有足够认识的人，才能理解那个专名的涵义；而对每个涵义是否有指称或有何种指称，有赖于我们已经获得的科学认知，只有对指称有全面认识，才能确定每个涵义与指称的对应关系。如果要严格地满足弗雷格符号-涵义-指称间的规律关系，就得预设一个理想说话者，这个理想说话者一方面要对语言整体有足够认识和理解，另一方面要对指称有全面认识。理想的说话者能够保证涵义的理想把握。而在日常语言或日常说话中，符号-涵义-指称间的规律关系时常不被遵循，源于两种可能，或者是语言使用者对语言整体认识不够，或者是认知主体对指称对象认识不够。而所谓对指称的全面认识，其实关涉到弗雷格在这里预设了理想科学的概念。弗雷格认为涵义与认知成果的最终状态（即理想科学）有关，但他并没有用意见统一来解释理想科学，因为人们可能在错误的意见上达成一致；他也不用知识论概念来解释理想科学，因为只有从理想理论（真理论）的角度人们才能保证对涵义的理解，而人不能保证获得了真理论，真概念也不能还原为知识论概念。

将涵义理解为主体的理解方式这种立场有实证主义或自然主义的倾向，如卡尔纳普、蒯因、达米特等人倾向于认为不能将涵义的表达（即涵义本身）与涵义的理解和使用分离开来，即预设了意义与使用之间的关系（等同或还原的关系）。在这种对涵义的说明中，意义被等同于关于语词的认知或者理论，或者被还原为组成实际的理解的实际上的过程；将被理解的还原为实际上的理解，理解本身则由实际的表达能力或经验得到界定，也就是说，意义和理解都是通过实证过程得到界定。当前的心灵哲学领域也沿袭了实证主义的道路，即将所想的东西还原为思考者实际上能够想的东西。行为主义和功能主义关于心理内容的理论、维特根斯坦关于遵守规则可能性的谜题、蒯因关于心灵和意义从根本上来说是不可确定的观点，都是基于将涵义或意义与语言的实际使用或功能紧密联系起来。

对涵义的理解和把握离不开语言使用者，对涵义的说明也离不开说话者所具有的知识，而我们现在一般承认人类在获取知识方面是可能错误的。弗雷格也认为对思想或涵义的把握有程度的问题，虽然他并没对这个不同程度进行区分。不过对弗雷格来说，更重要的是涵义在本体论上是独立于任何思考者的，也就是说涵义是涵义，对涵义的把握是对涵义的把握，人能否或在多大程度上把握涵义是个心理学问题，而涵义本身是反心理主义的。对于弗雷格本人来说，他可能不会赞同将涵义的表达和对涵义的理解等同起来。在伯奇看来，弗雷格的涵义表达概念暗含了两种基本预设：认知实践（如数学）以超出现有人类已理解的、更深层的具有可理解性的实在为基础；对这些更深的基本原理的掌握被看做是对表达式的真涵义的洞见，对事情本质的更深洞见同时也是关于事情本质的思考的理性模式的更深洞见。这两个原理都来源于理性主义传统，即认为我们的实践建是基于更深的基本原理。这其实也是弗雷格关于涵义的理想科学的预设，也即一种思想的存在与否以及真假都是独立于人类认知的。所以，对于弗雷格来说，语词表达的涵义独立于语言使用者的理解和使用，甚至也独立于语言用法（不管是约定的还是论证的）。对此，卡茨也表示赞同，他认为意义理论应该是对所理解的东西的理论，而不是关于如何理解的理论，而达米特就是没有对这一点进行区分，才将涵义理论首先作为一种理解理论。卡茨不同意这些对弗雷格式涵义理论的解读，如上节所述，他提出了一种自足的涵义理论，这种涵义理论遵从递归原则对涵义结构进行描述，其涵义具有部分-整体的结构，从底层次的词素组合的涵义，通过逐层递归逐步衍生出高层次语言表达式的涵义。这种对涵义的界定，既不借助于指称也不借助于说话者的语言能力。

四、涵义作为一种知识

在前面的讨论中可以看到，对于弗雷格来说，专名的涵义由对专名所属的语言系统有足够认识的人才能把握。据此，有人由此将涵义看做是语言使用者的理解方式，其中，语言使用者的语言能力或关于语言的知识或者对指称的认知、对涵义的界定起着重要作用。于是，涵义有时也被认为就是关于语言的一种知识，比如说，关于涵义的知识就是关于真值条件的知识。这种解读视角的特点是：将涵义看做是许多种知识中的一种，特别是指关于语言能力的知识。然而，知识本身是个相当复杂的论题，根据不同视角可以对知识作出不同的分类，比如显性知识和隐性知识的区分，譬如说一般会游泳的人关于游泳大概主要是隐性的知识，而人们关于天体运行规律的知识显然是显性知识。这种区分主要是根据知识能否被清晰地表述和有效地转移。那么，涵义作为一种知识是显性的还是隐性的呢？如果是将涵义理解为关于语言能力的知识，那么这种知识就更多的是隐性的知识，对其就是不能够进行详尽地描述性刻画的；如果将涵义理解为关于语言规则和约定的知识，那么，这种知识就更多的是可以进行概念化的。

当前，知识论的领域内对于知识概念的基本共识是，知识是得到辩护或确证的真信念，也就是知识是种信念，而信念必然与人的心理状态联系起来。基于此，朱志方认为涵义的描述词理论基本上是没错的，但是要对这种理论作一种认知理解。涵义理论应该是某种知识理论，知识又是一种心理状态，因此，从本体论上说，涵义也是种心理状态（公共的、可研究的心理状态）。不过将涵义看做是心理状态，就意味着持一种意义内在论的立场。这种观点要成立的话，就得要能够回应普特南著名的"缸中之脑"的思想实验，而由这个实验得出的结论之一是，意义不在头脑之中。与此对立的立场是意义外在论，比如圣斯伯里即持此种立场，他认为，比如对于名字来说，与某个名字使用实践相关的知识是被共同体拥有的，涵义中的知识条件是外在的，不但由某个说话者的内在精神状态给出，还由他在其中可与其语言共同体相联系的精神状态给出；意义理论的目标应该是表征现实的说话者所具有的现实的知识。而对于达米特而言，意义理论首先是理解理论，所谓说话者理解一个语词，就是说话者知道他的语言意味着说话者系统地知道的东西，意义理论的任务就是要刻画语义知识。

另外一些哲学家，比如卡茨、索姆斯以及德维特等则认为语义学事实独立于任何说话者关于这些事实的知识，应该将语义学与心理学区分开来。意义是一回事，对意义的知识是另一回事，不能将两者混淆。他们倾向于认为意义理论中的意向性这个重要概念具有实在性，因而不赞同关于语言意义的使用论或功能论，而比较倾向于弗雷格对涵义的界定，即思想独立于人们对它的思考。

意义理论的另一位重要哲学家戴维森则对涵义与知识的关系有另外不同的看法，他认为意义理论是阐明使用语言符号的人类的解释学，意义理论只需要满足这些使用语言的目的之信息，而不用管这些信息是否与说话者实际上知道的东西（即说话者的知识）相一致。意义理论并不是描述实在的，而仅仅是系统解释人类语言行为的工具，这种工具论立场否认语义和意向内容具有客观性。

根据弗雷格的论述，涵义显然与说话者所具有的关于所使用语言的知识有关，然而这种知识是不是可描述的，或者说这种知识对于说话者是显性的还是隐性的，则是有疑问的。人们可以把握语言表达的涵义许多时候似乎是一种语义直觉，比如直觉地认为 a＝a 与 a＝b（当等式成立时）具有不同涵义。或许，语言表达的涵义是由人根据直觉直接把握的，而学习使用语言就是学习将语词与通过直觉可把握的涵义的联系起来。我们只能将涵义作为实际的或可能的表达式的涵义来理解，我们所拥有的把握涵义的能力不过就是学习使用语词和句子的能力，没有这种能力，涵义就会成为完全神秘的存在。而所谓的"把握涵义"只能被理解为，将使用一个语言符号的能力归属给某个说话者。而语词具有涵义，仅仅就是说它表达了涵义，而不是说它仿佛具有某个涵义编码，我们是因为拥有使用语言的能力而自然地把握了涵义。就像达米特那个比喻所说，语言能表达涵义，但并不是涵义的编码，就像象棋中的车能走，然而车并不是走的编码。

第三节　涵义的逻辑语义解读

说到涵义的语义解读，首先应该界定此"语义学"指的是什么。语义本来是指与语音相对应的语言学范畴，它讨论语言表达式与其所指对象之间的关系，或者说探讨语言符号所表达的意义，而这种探讨可以说是源远流长，至少可以追溯到古希腊的亚里士多德的《工具论》。由于学科的分类，在当前的学术领域中，语言学、哲学以及逻辑学领域等都特别关注语义学的研究，但其研究对象和研究方法有所不同，因而有了语言学语义学、哲学语义学（又称为元语义学）、逻辑语义学以及普通语义学的区分。其中，逻辑语义学于 19 世纪后才出现，弗雷格对之贡献颇大，而真正现代形式的逻辑语义学则始于塔斯基。其实塔斯基的逻辑语义学思想在亚里士多德那里也早有体现，亚里士多德曾论述道："如果说一个东西是白的这句话是正确的，它就一定必然是白的；如果反面的命题是正确的，它就将必然地不是白的。再者，如果它是白的，那么，先前说它是白的那个命题，就是正确的；如果它不是白的，则反面的命题就是正确的。而如果它不是白的，则那个说它是白的人，就是说出一个错误的命题；而如果那个说它是白的人乃是说出一个错误的命题，则可推论该物不是白的。"① 据此，塔斯基将形式化语言中的真理定义为：一个语句如果被所有的对象满足就是真的，否则就是假的。这个真理定义，直接促使了逻辑语义学的建立。

在逻辑语义学中，指称一般被看做是形式化语言的语义值，所谓形式化语言就是指一种带有对其表达式的意义指派的逻辑系统。对于直接指称论者，他们是不承认弗雷格式涵义的。对于间接指称论者，一般承认涵义决定指称，并且认为这是弗雷格语言哲学的一条根本性论题。那么，涵义也被认为是与逻辑语义密切相关的，甚至直接将涵义概念如同指称概念一样纳入对形式化语言的语义解释，或者将形式化语言的某种结构性东西定义为涵义。这也就是对弗雷格式涵义的语义解读，或者叫做逻辑解读。对涵义进行语义解读的特点是，将涵义看做是一个语义概念或准语义概念，通过其他语义概念（如真值、对象或可能世界等）来界定或说明涵义，或者说将涵义当做解释句子的推理关系的工具或设置，并由此显出涵义的理论价值。语句的意义就是表述其真值的方式，也即是说，对涵义的语义解读就意味着，将涵义理解为语句的成真条件。这种解读与涵义决定指称论题密切相关，因为很显然，句子的指称就是其真值，而句子所表达的涵义决定了句子的真值。

---

① ［古希腊］亚里士多德. 范畴篇 解释篇［M］. 方书春，译. 北京：商务印书馆，1986：63.

对涵义的语义解读一般包括两方面的问题：一方面用涵义解释句子与实在的联系，另一方面用涵义解释句子间的推理关系。前者从涵义与指称的逻辑关系得到体现；后者则认为思想（即完整句子的涵义）决定了句子的推理能力（potential），而此推理能力是由逻辑系统定义的。当然这里说的是句子所具有的推理能力，而非人做实际的逻辑推理的智力能力，也即跟个别语言使用者的思考能力无关。句子的推理能力一般是指，给定一组命题的话，每个理性的人或者说遵从逻辑规律的人都会得到同样的结论或信念。句子的推理能力显示了一种逻辑必然性，也即是说，根据思想的逻辑结构，给出一个（句子表达的）思想，它就会与其他所有（同一语言中的）思想具有固定的逻辑规律，进而决定那个句子的推理能力。

一、真值条件语义视角下的涵义

真值条件语义学是指，解释一个陈述的意义就是刻画其为真的必要和充分条件。鉴于这种语义学背后的语义实在论立场，可以说，理解一个句子就是知道这个句子的真值条件，并且真值条件本身是认知超验的，不论我们的认知如何，那个真正在起作用的真值条件是不变的，这与弗雷格对涵义本体论的界定是很吻合的。涵义概念到底与逻辑系统如何相关，弗雷格认为涵义与逻辑规律是间接联系的。他既不同意传统的外延逻辑学家在语义方面的看法，也不同意传统的内涵逻辑学家在语义方面的观点，前者偏爱概念外延而反对概念内涵，后者过于喜欢内涵或者思想本身。外延逻辑学家把语词的指称看做是对于逻辑至关重要的东西，这也是有道理的，不过当他们完全排除语词的涵义的时候，就会将逻辑的东西等同于世界本身。比如罗素和早期维特根斯坦的逻辑原子论及世界的逻辑图像论，都是这种立场发展到极致的表现。这样的话，假的思想与现实世界的关系就成了疑难。而传统的内涵逻辑学家的缺点是，他们只关注语句内容之间的推论关系，内涵逻辑学家没有考虑到的是，在不考虑真值的情况下，如何从某个思想得出其他的思想并不是逻辑所关注的，逻辑只关注语句的真值的传递情况，而不关注其具体内

容。弗雷格在传统逻辑的判断的意义上使用"思想"一词，他所说的
"一个思想"就相当于传统逻辑教科书上常用的"一个判断"。弗雷格
说："必须从思想进到真值，更普遍地，必须从涵义进到指称；逻辑规
律首先是指称范围的规律，它们间接地与涵义发生联系。"① 逻辑研究
的是真值的规律，而不是思想内容的规律。

弗雷格借用数学中的函数结构来刻画语句或者说命题，也即所谓的
函项逻辑，这为形式化弗雷格式涵义奠定了逻辑基础。传统的形式逻辑
是词项逻辑，也即一般将语句分析为主词和谓词的结构，两者之间是属
于或不属于的关系，也就是说，对应着数学中的集合论结构，传统逻辑
推理中常用的文恩图清楚地说明了这一点，这种形式逻辑的应用范围是
很受限制的，它能较好地形式化属性之间的逻辑关系，却不能形式化关
系。而弗雷格的函项逻辑，不管是处理属性还是关系都得心应手，是非
常强大的形式化工具。词项逻辑所基于的是亚里士多德的以生物分类为
基础的世界观，而函项逻辑则暗示了世界的普遍关系本质。所以说，这
两种不同的形式化方法不仅仅是形式化命题及其推理结构的方便与否那
么简单，其背后有着深刻的哲学意蕴。

在词项逻辑的语义解释中，词项的语义是其对应的集合（也即词
项的外延），语句或命题就是词项按照概念外延间的包含关系结合而成
的整体。而弗雷格的函项逻辑首先就不认可传统逻辑关于主词和谓词的
命题分析，并且也不赞同传统逻辑关系语词内涵和外延的区分。弗雷格
将判断内容，也就是命题内容，区分为涵义和指称两个层次，与传统的
内涵外延之分是有本质不同的。对于弗雷格来说，命题中的词项可以分
析为专名和概念词，词项的语义值即是其指称，对于专名来说是其所命
名的个体对象，对于概念词来说是其对应的概念，而词项与其指称是由
涵义作为媒介物联系起来的。在传统逻辑中，概念按照内涵的包含关系
建立起一种层级结构；而在弗雷格的函项逻辑中，概念被理解为从对象

---

① Beaney Michael. The Frege Reader [M]. Oxford：Blackwell Publishers，Ltd，
1997：178.

到真值的映射关系，概念之间的复合关系被解释为映射的迭代。

弗雷格说，"我把一个句子的真值理解为句子是真的或句子是假的情况"①。语句的真值即其指称，所以对弗雷格来说，语句的涵义也就是其真值条件，所谓真值条件就是使这个语句为真的情况或条件。那么，什么是真呢？这是个很复杂的问题，不过弗雷格的处理很简单，他认为"真"是初始的、不可定义的语义概念。当然，这种看法并不会使哲学领域的研究者满足，关于真的研究卷帙浩繁。不过，有一个人的研究非常出色、引人注目，这就是塔斯基的真理论或真之定义，即：X是真的当且仅当 P，这又被称为 T 等式（T-schema）。其中，P 代表"真的"所涉及的语言中的任何一个语句，X 是语句的名称。为了避免语义悖论，在定义"真"这类的语义概念时，必须禁用语义上封闭的语言。因此，塔斯基区分了对象语言和元语言，对象语言就是被谈及的作为讨论对象的语言，而元语言就是谈论对象语言的语言。当然，对象语言和元语言都是相对而言的，对象语言是相对于元语言的语言，元语言则是相对于对象语言的语言。举例来说，"雪是白的"是真的，当且仅当，雪是白的，引号中的即为对象语言，引号外的则为元语言。这就是塔斯基对"真"的语义学定义。

到此，与逻辑语义相关的只是语句的指称，也即真值，而涵义和逻辑只是间接相关的。那么，涵义如何被形式语义学解读呢？将涵义与真值条件联系起来的早期代表人物是卡尔纳普，他受塔斯基的影响，接受了塔斯基对真的语义定义，并将他的意义理论从逻辑句法学发展到语义学。外延内涵方法是卡尔纳普意义理论的基本方法，他将弗雷格式涵义理解为内涵，并将内涵进行了形式刻画，据说这是逻辑史上的第一次，并将内涵与模型论语义学（真值条件语义学的前身）联系起来。不过，卡尔纳普受弗雷格影响很大，弗雷格认为自然语言有许多缺陷从而致力于构建其概念文字，卡尔纳普则致力于构建逻辑完善的人工语言来描述

---

① Beaney Michael. The Frege Reader [M]. Oxford：Blackwell Publishers，Ltd，1997：157.

世界。也就是说，一直以来有种观点认为逻辑语义学只能用于人工符号系统，直到 20 世纪六七十年代理查德·蒙塔古（Richard Montague）打破了这个传统，创建了用于自然语言的形式语义学或者真值条件语义学，这个工作是在阿尔弗雷德·塔斯基及卡尔纳普等人的理论基础上，将数理逻辑方法（命题逻辑和谓词逻辑）应用于对英语这种自然语言中的陈述性语句的研究。真值条件语义学主要由三个部分组成，即真值条件理论、模型理论和可能世界真值理论。

塔斯基给出了真理的语义学定义，这为真值条件语义学奠定了基础，人们借助于可能世界理论对真值条件进行了更细致的形式化刻画。这种理论首先由克里普克倡导，其目的之一是解决信念语境（不透明语境）的同指称专名的替换问题。虽然克里普克是反对涵义理论的，但是可能世界理论为我们提供了将真值条件与涵义（或者说内涵）进行链接的形式化工具。于是，弗雷格的涵义决定指称的论题就可以表述为，如果我们知道某个表达式的涵义，实际上就是获得了一种手段，运用这种手段于每个可能世界，将都可以识别出该表达式的指称。在这种意义上，我们可以说，涵义就是从可能世界到指称的函项。所谓涵义或意义就是，当把它与关于任何可能世界的事实信息（或关于事实信息）结合起来时，它得出一个真值，因此它是一个从世界映射到真值的函项，或者简单地说，它是诸世界的一个集合。详细地说，弗雷格式涵义在真值条件语义学中是被这样界定的：语言表达式的涵义就是从可能世界到该表达式的可能外延（或指称）的函项，专名的涵义是从可能世界集到个体集的函项，概念词的涵义是从可能世界集到个体集的集的函项，语句的涵义是从可能世界集到真假值集的函项，也即其真值条件。这就是对涵义的逻辑语义学解读。

然而，不管是真值条件语义学本身，还是涵义是否可以被看做真值条件，都面临着一些质疑声音。真值条件语义学具有诸多局限性，比如：有些词类（如索引词、指示词、副词、非真值函项连接词等）在真值条件上的贡献不好说明；真值条件预设了真理概念，然真理概念本身或许存在悖论；自然语言中似有许多有意义而没有真假的语句（疑问句、祈使句、神话中的陈述句等);知道一个语句的真值条件,似乎并不足以构成对这个语句意义的理解。而对于将涵义作为确定真值的条件(即涵义决定指称),有人也持质疑态度,认为涵义在确定语句真值时是或宽或窄的,因此与真值条件似乎并不密切相关。此外,这种语义学还忽略了对这样几个方面问题的讨论,如自然语言中广泛存在的隐喻现象难以给予形式化分析;形式语义学的基础之一集合论与认知语言学中的原型效应的冲突;真值概念在形式语义学中是完全客观的脱离语言使用者的,然而真理问题可否脱离人的认知因素是个疑问。

不过这种质疑并没有阻止这种经典语义学前进的步伐,基于扩展逻辑的纷纷涌现,相应地,也出现了扩展的真值条件语义学,在其中,弗雷格式的涵义得到了新的理解。比如自由逻辑就将"涵义"的认知特性进行了形式化表征,使得所刻画的涵义更加贴近弗雷格的本意。另外,传统对自然语言的形式化处理,难以刻画各种内涵语境(如认知语境、信念语境、模态语境、时态语境等),而内涵语境的存在恰恰是弗雷格当初要严格区分涵义与指称的初衷。因此,有人认为要对涵义形式化就要找一个工具,使其能将内涵语境与外延语境沟通起来。在这种思路下,邓雄雁等人提出他们的谓词抽象,以"穿透内涵语境,把涵义和意谓(即指称)衔接起来"。这种手段的实质是用"抽象谓词"这样一个逻辑工具将弗雷格之谜的从言和从物的形式进行区分,具体操作是,"在从物模态中,某个变元先绑定一个常元,再考虑其在可能世界中的属性变化;在从言模态中,先考虑可能世界,再考虑与常元绑定,然后考虑属性"①。他们认为,抽象谓词本身是一个兼带内涵和外延意义的逻辑工具,它表明内涵和外延在逻辑上并不是截然二分的东西,其相关的公式既能体现出外延,又能体现出内涵,从而达到用形式语言完整表达命题思想的目的。

---

① 邓雄雁,秦波,胡泽洪. 谓词抽象和"弗雷格之谜"[J]. 学术研究, 2014 (10): 23.

二、二维语义视角下的涵义

前面讨论过，对于弗雷格来说，一个语词具有涵义是为了解释为何这语词能够带给我们适当的知识，因此，这强烈暗示了涵义应该是个认知性的概念，它具有认知上的解释功能。那么，能否在语义学上对涵义进行形式刻画呢？这是个比较困难的问题，因为，传统认为逻辑处理推理的有效性问题，但并不关注具体的认知内容方面。传统的逻辑语义学是一元的，比如真值条件语义学，认为语句的意义既是其真值条件，也就是只关注指称问题，指称即为语义值，涵义则通过实际上被还原为指称而得到理解。然而，对弗雷格式涵义的各种不同理解和相关争论，已经暗示了这一点，或许一元论的语义学是不能充分解释语句的意义的（这里指仅限于描述性意义）。与语义的一元论相对应的是语义或意义的多元论，多元论认为一个语言表达式可以有多种不同的语义值，也就是说语言表达式的意义是由各不同语义值组合而成的复合体。各种不同的语义值可以包括真值（真或假）、真值条件、证实条件或检验条件、辨认条件以及有关的逻辑推论规则等，这各种各样的语义值都是语言意义的组成部分。而在当前，广受关注的语义多元论是二维语义学理论。

二维语义学认为语言表达式的意义有两个维度或两个部分，这两种不同的语义值起着不同的解释作用。一般将这两维度分别称为主要内涵（Primary intension）和次要内涵（Secondary intension）。次要内涵一般跟指称及一般的真值条件关联，即相当于前述的真值条件语义的基本内容；主要内涵则与指称和真值条件依赖外在世界的方式相关联，对此关联，不同的论者会持有不同的观点。在语义二维的宽泛说法上，弗雷格可以说是最早的二维语义论者，因为他最早明确地将判断内容分为涵义和指称。不过当前的二维语义学都是可能世界语义学内的分支，也就是要通过可能世界和相关的模态概念来刻画语义的两个维度。早期的二维主义方法主要包括卡普兰特征与内容的区分、斯塔内克（R. C. Stalnaker）对角命题和命题表达的区分、埃文斯深层必然和表层必然的区分、达维斯（Davies）和亨伯斯通（Humberstone）固定实际的和必然的区分，当前讨论最多的则是查尔莫斯的认知性二维论（Epistemic Two-Dimensionalism），这也是当前二维语义学的主流理论。由于克里普克对后验必然真理的论证，以及普特南"缸中之脑"的思想实验对意义不在头脑之中的论证，"长庚星是启明星"及"水是H_2O"被看做是后验必然真理，也就是说其真值条件与"长庚星是长庚星"及"水是水"没有什么不同，因此，将弗雷格式涵义界定为真值条件使得它在解释认知差异的时候失效了。而捕捉弗雷格的涵义概念的认知性意含，正是二维论者们提出他们的主张与主要内涵概念的背后动机。

　　二维语义学背后指导思想包括两个方面，即像长庚星和启明星这样的两个表达式在意义的某个方面是有差异的，并且，有某种使这个世界成为另外一番景象的方式，使得这些词项指称不同的事物。这种强烈的意义直觉使得我们认为传统的真值条件语义学对语义的刻画是不够的，也就是传统理论不能很好地解释我们这种语义直觉。而语义学的二维方法的出发点是，表达式的外延乃至内涵都以某种方式依赖于外在世界。因此，这需要有相应的形式化处理方式，即如果一个表达式的克里普克式内涵①自身依赖于这个世界的特征，就可以用世界到内涵的函项来表示这种依赖性；而我们知道，内涵本身已经是从世界到外延的函项，因此这样就有了一个二维的结构。二维内涵等同于从世界到内涵的函项，这可以抓住语言表达式的内涵（或涵义）依赖于现实世界的这一语义直觉。这样的二维结构对应于一个二维矩阵，其中的对角线则可以揭示表达式的外延依赖于现实世界的特征这一语义直觉。从中可以看出，这个对角线内涵在某些重要方面可对应于弗雷格式涵义，也即指称对象（外延）与认知者（现实世界情景）的关联性。

　　认知性二维语义学的突出特点是，主要内涵（或第一维语义值）

---

　　①　对于克里普克来说，水与H_2O有同样的外延和同样的克里普克式内涵。根据克里普克对严格指示词和非严格指示词的区分，以及对后验必然命题的论证，名称（包括专名和通名）都是严格指示词，即在不同的可能世界指称同样的事物，而内涵被定义为从可能世界到外延的函项，也即克里普克式内涵。

以一种更强更普遍的方式与先天性和认知意义联系在一起。比如查尔莫斯给出五个二维语义学的核心论点①，具体如下：（1）每个表达式的个例都与一个主要内涵、次要内涵和二维内涵联系在一起；主要内涵是情景②到外延的函项，次要内涵是可能世界到外延的函项，二维内涵是从情景和世界构成的有序对到外延的函项或者说从情景到次要内涵的函项。（2）当一个复杂表达个例的整体外延依赖于它的部分的外延时，其各种内涵在每个、可能世界或情景-可能世界有序对中的值由其组成部分的各种内涵在每个情景、可能世界或情景-可能世界有序对中的值所决定。（3）表达式个例的外延与言说情景中它的主要内涵的值是一致的，与言说世界中的次要内涵也是一致的。（4）句子个例 S 是形而上必然真的，当且仅当 S 的次要内涵在所有世界中都真。（5）句子个例 S 是先验真的（认知必然真的），当且仅当 S 的主要内涵在所有情景中为真。他认为第 5 个论题是整个理论的基础，并勾勒出一种认知式的理解主要内涵的方法，即主要内涵中的情景表示的并非言说的语境，而是认知可能性，也就是指一个先验上不能排除的、高度特定的、对于我们的世界的特性的假设。这样，表达式在情景中的主要内涵反映了说话者的理性判断，这种判断使得表达式是在所说的认知可能性变成现实这一假设下做出的判断。

　　二维语义学是应对弗雷格之谜的最新研究成果和趋势，它可以用来解释弗雷格式涵义概念，从其对认知价值的关注可以看到它可以用来支持弗雷格式涵义主张。特别是这里讨论的认知式二维语义学，可以说是对弗雷格式涵义的认知解读和传统形式语义学解读的综合，并将这两个方面通过引入能够形式化的"情景"（即认知可能性）这个概念都进行

---

① 　Chalmers David. Two-Dimensional Semantics［M］// Lepore E，Smith B. The Oxford Handbook of the Philosophy of Language. Oxford：Oxford University Press，2006.

② 　查尔莫斯强调句子个例而非句子类型跟他本人所赞同的本体论立场相关，即他只承认个例的实在性。情景一般是指说话者所处的特定的具体的情形，而查尔莫斯对情景作了其特定的解释，即将它解释为认知可能性，也可以说是一个由说话者、说话时的时间、一个形而上的可能世界构成的三位有序序列，这也正是他的认知二维语义的由来。

了形式化的刻画。这种语义学可以看做是对弗雷格含糊其辞没有细致讨论的涵义概念的深入分析和挖掘,而它是否能够当作对弗雷格式涵义概念的充分必要解释,就要看它能否用来解答弗雷格提出涵义概念时所试图应对的问题,也就是能否很好地应对弗雷格之谜。鉴于这个理论是非常晚近的理论,当前正处于热烈讨论中,对这个理论即有赞赏也有非议和质疑。比如王文方①就认为,认知式二维语义学并没有完全地刻画出表达式的认知特性,因为有例子显示出它既不能保证两个在主要内涵上相同的表达式在认知作用上也相同,又不能保证两个在主要内涵上不同的表达式在认知作用上也不同,也即是说这个理论解释认知价值既不充分又不必要。

逻辑语义学或者说形式语义学所关注的问题是,如何更好地形式化内涵语句(包括信念语句、模态语句、时态语句等),但是语言的意义能否通过形式化得到全面的刻画或描述是有疑问的。将弗雷格式涵义看做形式语义学中的一部分,是理解弗雷格的涵义理论的一种方式,但这种方式能否揭示弗雷格式涵义的全部内容也是值得怀疑的。涵义关系到信念、语言与世界的关系,关系到如何刻画人与世界的信息交换这个大问题。可以看到,弗雷格之谜本身根源于信念之谜,而信念之谜本身应该是信息之谜(信息到底是什么)的一种版本。形式语义学以及各种内涵逻辑的语义学关注的问题则狭窄得多,它们的任务是寻找到恰当的方式或工具对各种语句形式化,并对之进行恰当的语义赋值。然而,显然的是,逻辑学及相应的语义学似乎并不能完全描述或解释人与世界的信息交换,这也是对涵义进行形式语义学解读面临的根本性难题。

---

① 王文方. 语言哲学 [M]. 台北:三民书局,2011:193-195.

第四章　涵义的形而上研究

第一节　涵义的形而上研究的必要性

基于"弗雷格之谜"的困惑，弗雷格将与语言表达式相关联的内容分成涵义和指称两部分，并且借助于涵义这个概念来解释他所面临的关于认知价值来源的困惑。然而，如上一章所述对弗雷格式涵义有着诸种不同的理解和解释，这种研究境况既说明了弗雷格式涵义的重要性，又显示了弗雷格式涵义的难解性。它的难以琢磨，一方面是由于弗雷格本人对这个概念的论述不够，另一方面也是由于这个概念担负着艰难的理论解释任务（即"弗雷格之谜"）。上一章中对弗雷格式涵义的各种解读，乍看起来充满希望和深意，但细究起来却又不免面临各种责难，这说明弗雷格式涵义已成为谜中之谜，且可以看到前述讨论中并未完满解决这个谜题。不管是对涵义的认知式解读，还是逻辑语义解读，都是侧重从涵义概念的逻辑功用或表达功用上来理解弗雷格式的涵义理论，回避或忽略了涵义的形而上学考虑。不过，弗雷格本人却有着坚定的本体论立场，他将涵义看做是独立于物理世界和心理世界的、客观的、第三域中的存在物或者是抽象对象，也可以说是一种自成一类的抽象实在。①

---

① 第三域是弗雷格关于思想的形而上学设定，也就是弗雷格的柏拉图主义立场，弗雷格将思想等看做是存在于第三域的事物，也可以说思想是存在于第三域的对象。对象可以说是对客观事物的抽象，是类的实例；从某种意义上来说，也可以说思想就是存在于第三域的抽象实在，虽然实在这个概念本身并不是弗雷格的术语。弗雷格认为，从未被思考的思想也是存在着的，这就更加说明，在本体论上，弗雷格其实预设了思想的实在性（既非物质也非精神的第三种实在）。所以，可以合理地说，思想对弗雷格而言是某种抽象实在。

弗雷格坚定的柏拉图主义立场使得我们不得不关注弗雷格式涵义背后的形而上学立场。

一、关于涵义的元理论

弗雷格认为概念、数、涵义、思想等都是客观的东西，而追问涵义的本质其实就是追问思想的本质，因为涵义的本体论地位同于思想的本体论地位。他在《思想：一种逻辑研究》中论述了思想的本体论地位，这其实就是关于涵义的本体论定位，他认为思想既不是外界的事物，也不是表象，而是属于第三域，这种领域的东西不像物质事物那样能够被感官感觉，又不像心理事物那样需要心灵这样的承载者（比如说"痛"必须是某个人的痛，因此，"痛"这样的心理事物是需要心灵来承载的）。这种领域的东西，不是由人们制造的，而是由人们发现的，人们只能接近它，但接近它这种关系又同看到一个事物这种关系不同。可见，对弗雷格而言，涵义是种柏拉图理念式的存在。弗雷格第三域的思想既"源远"又"流长"，某种程度上类似于古希腊的柏拉图的理念世界；柏拉图可以说是发现第三域的人，这是个不变永恒且真的领域。而在近代认识论传统下，知识被认为是可靠的人类信仰，因而是主观的，比如康德认为知识依赖于人的认知结构，事物应该向我们的认识看齐①，这也导致后来逻辑学中心理主义盛行。不过，黑格尔的客观精神和绝对精神依然是柏拉图的延续。而弗雷格以及胡塞尔等开始反对逻辑中的心理主义，这就出现了弗雷格坚定地抱持柏拉图主义的本体论立场，其后的波普尔受其影响，也提出了三个世界的理论："第一是物理客体或物理状态的世界。第二意识状态或精神状态的世界。第三思想的

---

① 康德的知识论见其《纯粹理性批评》，这是一部关于知识论的颠覆性著作。据康德的说法，他实现了知识论的哥白尼倒转。以前人们认为知识是从人向外部世界看齐而得到的，他对此进行了颠倒，认为人之所以具有知识源于人自身先天的理性结构。

客观内容的世界。"① 虽然波普尔说他区分出这三个世界仅仅是为了方便，也许能区分不止三个世界，不过他坦言，"我的第三世界最接近于弗雷格的客观思想内容的世界"②，并且类似于弗雷格所说的第三域独立于人的认识，波普尔认为第三世界是没有认知主体的知识。

　　然而，当弗雷格说思想是独立于任何认知主体的时候，却面临着某些解释上的困难。弗雷格认为涵义和思想在存在性及客观性上来说都是同一个层面的，在一般情况下，句子的涵义就是思想，且思想是被人发现而非创造的，那如何解释小说、神话等文学作品呢？虚构的文学作品（虽然并非所有文学作品都是虚构，但大部分是的）文本显然都具有涵义，并且表达我们能够理解把握的思想。然而，这些文学作品都是文学家创造出来的，并非文学家发现的。或许有人会说，小说确实是被作家创造出来的，不过，一旦小说被创造出来，它就具有了其自身的独立性，不管读者甚至作者本人如何解读。然而，毕达哥拉斯发现毕达哥拉斯定理与莎士比亚写出《哈姆雷特》真的在本质上毫无区别吗？我们或许认为毕达哥拉斯只是发现了毕达哥拉斯定理，他将前人没有表达出来的定理通过语言符号表达了出来，而毕达哥拉斯定理本身即使没被他发现也依然是存在着的。难道我们会承认即使莎士比亚没有写出《哈姆雷特》的文本，哈姆雷特的故事也依然如毕达哥拉斯定理那样存在着吗？果真如此的话，科学研究的成果与文学创作的成果似乎就没有本质差别了。似乎我们只能说作家也仅仅是创造出了小说文本，然而，这样说显然并不合适。作家确实创造出了小说文本表达的涵义或思想，而非仅仅小说文本。③

---

　　① ［英］卡尔·波普尔. 客观知识［M］. 舒炜光，译. 上海：上海译文出版社，1987：164-165.

　　② ［英］卡尔·波普尔. 客观知识［M］. 舒炜光，译. 上海：上海译文出版社，1987：115.

　　③ 这种争论也关系到数学中的柏拉图主义和直觉主义的争论，比如达米特（1973）认为，数学柏拉图主义认为数学家就像是天文学家，发现数学真理；直觉主义认为数学就像作家，构造数学真理。

另外，类似于柏拉图将论证看做是通向第三世界的途径，弗雷格把逻辑分析视作研究思想的工具，认为逻辑学就是关于思想的真的规律研究。然而，弗雷格又认为，真的思想存在，假的思想也存在，并且两者在存在方面并没有实质差别。根据弗雷格对于空名的涵义的看法，即空名虽然没有指称但是也具有涵义，那我们也可以推论说，不真不假的思想对弗雷格而言也是客观存在的。但是不具有真假值，也就是不具有指称的思想，如何被逻辑工具分析呢？如果说虚构的思想不能被逻辑分析，也就是说虚构的思想（小说、诗歌等）难道只是能引起情感上的反应吗？这样说的话，特别是侦探小说简直就是不可理解的，因为人们阅读侦探小说的乐趣似乎就在于其中的各种逻辑推理。如果说虚构的思想也能被逻辑分析，但这种思想又不具有真值，似乎就不符合弗雷格对逻辑以及真值的界定了。对于弗雷格而言，一个句子的涵义是作为这样一种东西而出现的，借助它能够考虑何为真，而他"规定逻辑的任务是发现何为真的规律，而不是把某物看做真的规律或思维规律"①。也就是说，弗雷格一方面强调思想是真值的载体，一方面又承认不具有真值的思想也存在。这样问题并不大，真正的问题在于，不具有真值的思想是否可以为逻辑工具分析，从关于虚构思想的讨论看来，弗雷格不可避免地陷入了自相矛盾。

关于弗雷格的第三域思想，还面临着一个被广泛讨论的难题，也就是，这种自成一类的领域如何能被受因果封闭性制约的人所接触或者说把握，这是理念论者或承认抽象实在的人所面临的一个共同难题。这也是一个历史悠久的未解之谜，所以很多人主张抛弃柏拉图式的本体论立场。于是，直接指称论者以及蒯因等人认为应该抛弃语言符号与其所谈论世界间的这个实在性的媒介物。而弗雷格本人在分析涵义概念或者思想本身的时候，他的理论中的一些不融洽的地方，以及他在分析某些语言表达式的涵义时的一些疑惑不定（比如关于"亚里士多德"的涵义

---

① ［德］弗雷格. 弗雷格哲学论著选辑［M］. 王路，译. 北京：商务印书馆，2006：130.

的那个注释），即他并没有明确涵义同一性（identity）的标准，这都暗示了弗雷格的形而上学方面可能存在着问题。

从另外一个角度看，思想的客观性及共通性保证了它的可交流性，然而这与认知的个体化差异性之间构成了论证上的张力，是在承认个体所把握思想的差异性（这符合常识和直觉）的基础上再寻求思想的客观性及共通性，抑或相反，这都涉及身心关系这样的传统形而上学争论。此外，弗雷格所强调的语言符号、涵义与指称之间的规律性联系，是规范意义上的还是自然规律意义上的？如果是规范意义上的，这种规范是完全出于约定还是出于必然性？这又涉及关于必然性和可能性的形而上学研究。再有，在形式语义学中，弗雷格式涵义被看做是一种函项，是使一个语言表达式和它的外延产生联系的东西。如果我们再进一步追问这个"东西"是什么，就要对这个东西做一番形而上学的讨论了。可以将这种关于涵义的形而上学研究看做是关于涵义的元理论，涵义的元理论不可忽视，它应该是哲学语义学中的重要论题。所谓涵义的元理论，并非关于涵义是不是具有语义性质或怎样表征这种语义性质的讨论，而是关于涵义的同一性标准，它研究的是本体论的地位和认识论特点等。涵义的元理论要讨论的问题具体包括：涵义是如同弗雷格所说的第三域的实在吗？如果是，那又要追问它如何与认知主体或语言使用者发生关系？可否不将涵义看做第三域存在？如果可以，它又能是怎样一种存在，以及如何判断不同语言表达式表达的涵义是否同一？所谓的涵义决定指称的决定是种因果关系还是其他？……在本体论方面，无论是承认涵义具有某种本体论特性，还是拒绝回答这样的问题，这本身都是关于涵义的元理论回应。为了更好地理解弗雷格式涵义甚或改进弗雷格的涵义理论，就应该回到对它的形而上学讨论上，毕竟对于哲学研究来说，形而上学被认为是哲学这个知识王冠上最靓丽的那颗宝石。在遭受 20 世纪上半叶的普遍厌弃后，如今，形而上学已经重新回到分析哲学研究的视野，重获了在英美哲学领域的重要地位。

二、形而上学的回归

(一) 拒斥形而上学一度成为主流

20 世纪上半叶，分析哲学领域的主流是反对形而上学，认为哲学的任务不是回答形而上学追问，而是通过语言分析消解掉它，而逻辑经验主义流派就是拒斥形而上学的典型代表。逻辑经验主义将命题分为分析命题和综合命题，前者因遵循逻辑而有意义，后者因可被经验证实或检验而有意义，并以此为意义标准，划分了科学和形而上学的界限，认为形而上学是由于语言被误用而形成的无意义命题，是没有任何真理性可言的伪命题。拒斥形而上学一度成为逻辑经验主义的口号和旗帜，并且影响深远而广泛；即使一些对形而上学抱有同情的人也只得说，形而上学虽不是完全无意义，不过它也没有传递任何实际的知识，仅仅具有一些激动情感的作用。

在逻辑经验主义者看来，形式语义学可以避免形而上学问题，哲学问题被看做是语言问题。在将语言区分出对象语言和元语言以后，逻辑经验主义认为用对象语言讨论其所言说的对象问题才是科学问题，而用元语言讨论对象语言本身是句法问题，用元语言讨论对象语言及其所言说对象的关系则是语义学问题。因而，语义学问题或者意义问题是一个扩展的句法语言问题，即元语言问题。真理关系到语言与其言说对象的关系，而在形式语义学那里，真理成为标准的语义学概念，塔斯基则给出了真理的完美的语义学定义，因此，这就避免了真理方面的形而上学问题。不但如此，霍夫斯达特①认为，当时看待语言的方式有两种，即语言如何与所言说的对象符合的两种进路。一种是将语言看做计算，也就是说作为一套在语言内部进行构成和转化操作的规则，而语言与其对象如何联系起来，即是塔斯基所做的语义学工作；另一种进路是，语言被看做复杂的经验现象，是社群内的个体的行为模式。这两种意义理论

---

① Hofstadter A. On semantic problems [J]. The Journal of Philosophy, 1938 (35)：225-232.

其实就是形式语义学和行为主义意义理论，它们的共同特点就是不预设超验的实在。这也正符合逻辑经验主义那个时代对形而上学的反对。

(二) 形而上学的回归

在以维也纳小组为核心的逻辑经验论者们拒斥形而上学的时候，美国的实用主义试图在唯物论和唯心论之间寻求一种形而上学的中间道路，比如詹姆斯等试图用一种中立一元论①来调和传统唯物和唯心的争执不休。而到了 20 世纪下半叶，先是蒯因作为来自美国本土的逻辑经验主义的继承人，他并不拒斥形而上学，只是希望在现代逻辑的基础上重新讨论形而上学问题，从而将曾被他老师卡尔纳普强烈拒斥的形而上学重新请回分析哲学的殿堂。蒯因在量化和一阶逻辑的基础上，讨论了关于存在、对象、指称、本体论承诺及其还原等形而上学问题。蒯因的本体论承诺不同于传统的形而上学，在他看来，本体论承诺与实际上有什么无关，而只与我们说有什么有关，本体论承诺也即按照相关理论有什么东西存在的问题，而这依赖于人们使用的语言，因而，形而上学与语义学密切相关。蒯因②的整个学术生涯中都很关注本体论问题，甚至认为哲学和科学在本质上没有什么不同，哲学可以说是以自身为目标的自然科学，他不将哲学视为先验的预备知识或基础，而认为它是与自然科学连续的，从而开了当代自然主义哲学的先河，而当前自然主义立场已经显然成为英美哲学中的主流。

同时，受现代科学的变革，特别是物理学领域中的根本性突破，如相对论和量子理论等的影响，形而上学领域中的研究也呈现出了新面

---

① 中立一元论是心灵哲学中的一种立场，认为精神的和物理的不过是描述同样世界的基本构成要素的不同方式而已，而它们本身则是中立的，也就是这些基本要素本身既非心灵的也非物理的。这种观点认为世界上并非存在心灵的和物理的两种不同事物，而是只存在非心非物的一种事物。

② 蒯因的本体论承诺是他关于本体论问题非常有特色的解答，从这里可以看到他受卡尔纳普关于语言框架的影响，但是他不像卡尔纳普那样拒斥形而上学，反而认为这种本体论承诺是进行科学研究时必定会预设的，因而，他承认甚至强调了形而上学在科学中的地位。而且，自蒯因以来的自然主义建立在现代科学的基础上，与前现代哲学中的自然语义已不可同日而语。

貌。比如，受相对论与电磁学的启发，怀特海提出了过程哲学，这种哲学思想反过来又对科学领域的研究产生了源源不断的影响。而受到量子力学中不确定性论题的影响，形而上学中的传统问题决定论与自由意志的争论又有了全新的争论视野。此外，哲学家刘易斯以及阿姆斯特朗（David Armstrong）等人详细讨论了关于共相、因果关系、可能性和必然性以及抽象对象等一系列形而上学问题，不过他们不再像传统哲学家那样致力于构建那种宏大的形而上学体系。而受到弗雷格所关注的语言哲学问题，如空名的涵义问题以及虚构的思想问题等困扰，当前空名问题、虚构的哲学、属性的存在地位等已经成为当今形而上学争论的核心问题。而从查尔莫斯等当代哲学家关于形而上学的讨论，可以看到当前分析哲学传统下，在本体论方面，趋势已经是缩减论和多元论对实在论的挑战。形而上学是哲学中价值最高的一部分，这种对形而上学的肯定已经重新得到当代哲学家们的认可。

第二节　涵义的形而上讨论

形而上学关注的两个基本问题是：有什么，或者说存在着什么？以及是怎么样的，或者说是如何存在的？经常被形而上学家讨论的概念包括：存在；对象及其性质；时间和空间；原因及结果；可能性与必然性，等等。其核心分支是本体论和宇宙论，前者关注存在的基本种类或范畴及其之间的联系，后者关注宇宙的起源、基本结构、本质等。此外，认识论或知识论也常被看做是形而上学的主要分支。对于弗雷格式涵义来说，因为弗雷格在本体论上的立场是坚定的，即柏拉图主义立场，对其他形而上学问题弗雷格则所涉无多，所以针对弗雷格式涵义的本体论争论较少。然而，弗雷格的涵义理论在形而上学方面却面临着严重困难。弗雷格被视为分析哲学之父，其后的分析哲学传统中发展出来的各种意义理论可以说都在一定程度上回应了弗雷格在语言哲学上的相关论题。因此，在分析哲学、语言哲学甚至心灵哲学领域内，关于语言意义或者语义学的形而上学研究都可以看做是对弗雷格式涵义进行本体论转化的参照。

弗雷格的哲学立场可以说是别具一格的，他明确地承认了第三域或者说第三世界的存在，相应地，他也就承认了物理世界和心灵世界的各自存在，可以说他是个本体论的多元论者（三元论）。当然，对于这三个世界之间的关系，弗雷格几乎没明确说过什么。① 而传统的本体论立场大多是要么一元论的，要么二元论的。一元论中有唯心论和唯物论的对立，二元论中则有实在二元论和属性二元论的分歧。实在二元论以笛卡儿学说为代表，属性二元论当前有杰克逊的副现象论。另外，当前热门的查尔莫斯的属性二元论也得到了较多讨论。唯心论在当前已经普遍不被欢迎，随着科学知识的极大扩展，形而上学领域已经涌现出了各种版本的唯物论，比如戴维森的异例一元论、强或弱的行为主义、各种功能论、心脑同一论、取消唯物论以及个例物理论等。唯物论是当前形而上学的绝对主流，并且被不断发展和发扬；对于身心问题，他们的倾向或者是取消心，即否认心理世界的存在，或者是化约心，也即将心理世界当做物理世界的一部分。任何心理状态都等同于或可还原于某种物理状态，不过各种版本的唯物主义在细节上有诸多方面的不同。

现代哲学发生了语言转向，基于对语言的逻辑分析来回答各种哲学问题已经成为分析哲学领域的基本哲学方法论，在最早将形而上学迎回分析哲学领域的蒯因那里，我们可以看到形而上学研究已经与语义学研究紧密地结合在一起。与意义理论及语义学密切相关的概念有规范性、意向性、信念、表征、真值条件、指称、涵义或内涵等，这些讨论都是理解弗雷格式涵义的形而上学地位的标杆。不过，这些概念涉及的形而上学讨论错综复杂，从不同的概念出发可以有关于这些概念的不同形而

---

① 根据克鲁格的分析，弗雷格并没有直接论述过他的本体论立场，不过他的本体论立场可以通过他的几组区分得到，比如他关于物理的与逻辑的区分、心理的与非心理的区分等。弗雷格认为根据这些实在跟心灵的关系本质，存在的领域不是二分的而是三分的，包括主观精神领域（更精确地说是心灵的主观非物质领域）、客观物质领域（即外在世界，通过涵义得到把握）、客观的非物质领域（参见 Kluge E H 的 *The metaphysics of Gottlob Frege*，1980）。

上学问题争论，而从不同的本体论立场又可以有对同一个概念的不同界定。比如，有人认为意义的本质是规范性的，因而是非实在性的；有人则认为意义是实在的，真值条件是外部的实在事物。有些人认为意向性的本质是内在的心灵状态，有些人则认为意向性不能局限于人的心灵。有些人承认弗雷格的抽象存在，有些人则反对任何共相的存在性。

一、涵义或语义的实在论与反实在论

根据前述讨论，弗雷格的本体论立场更接近于多元论，他对于语言的涵义或语义的立场则比较明确，持一种柏拉图式的实在论，这也是他关于数学的确切立场，与其他立场比如说直觉主义相对立。实在论①的论题一般包括两个维度，即存在性的维度和独立性的维度。存在性强调所涉及或所讨论的事物在世界中的位置，当然，不同的实在论者会承认不同的世界，比如现实世界、可能世界或理念世界。独立性则是指独立于我们的知识、认知价值、指称它的能力、心灵的综合能力，以及我们的概念、理论及语言的构造、我们的感官感觉或精神状态等。实在论的基本论题一般被表述为，所承认的事物不依赖于人的认知等而客观地存在着。关于实在论的争论体现在各个哲学领域，比如科学哲学、道德哲学、数学哲学等，而在语言哲学中，实在论与反实在论的争论主要是集中在实在论者的意义理论是否站得住脚。

丘奇赞同弗雷格的这种柏拉图式实在论立场，认为其优点是具有理论上的可行性、简单性和一般性，因此并不违背"奥卡姆剃刀"原则，丘奇打了一个和弗雷格望远镜比喻类似的比方，他说："正如可以看到一个不透明的物体一样，也可以理解或把握一个概念，这两种情况下，

---

① 实在论有多种面相，其在哲学史上的用法也比较复杂，最早是中世纪学院派关于共相是否存在的一种立场，与概念论和唯名论对立。近代苏格兰学派的常识实在论则是反对哲学中的怀疑主义的，认为能看到、能感觉到的事物都是真实存在的，日常经验可为存在自身提供了直觉上的确实保证。当前被讨论的则是各种科学理论中的术语，如电子、基因等是否存在，即各种科学实在论，认为科学所描述的世界是真实的世界，独立于我们对它的认知，与各种工具主义相对立。数学实在论，即数学柏拉图主义，则与唯名论及建构论相对立。

观察都不是直接的，而是要通过中介，对于不透明物体来说中介是光线、眼睛等，对于概念来说是语言表达式。"① 丘奇认为语义学的内涵部分并不是从外延部分中得出的。这也就是说弗雷格式的涵义是自成一类的客观存在，是不能还原为指称概念或其他概念的。卡茨认为自然语言的意义理论要研究的对象，即内涵或者弗雷格式涵义，是某种抽象实在，是涵义属性和涵义关系的决定者。刘易斯也认为应该承认意义这种抽象实在，不但如此，他还认为可能世界同现实世界一样实在，他这样做的理由是，认为这种本体论设定在哲学上是富有成效的，就如同集合论中的集合也是有疑难的，但人们并没有抛弃集合概念，他说，"我假设意义乃是因为我发现这样做是方便的，我没有充分的理由不这样做"②。

语义实在论与将涵义看做自成一类的实在论有所不同，这种观点将涵义理解成为类似真值条件的东西，它源于弗雷格这样的说法，即有能力的说话者理解他的语言中的陈述句，包含了他对这些陈述的真值条件的把握。戴维森主张用句子的真来说明句子的意义，并且他采用了塔斯基的关于真理的形式化定义，语义的真值条件说由此建立起来。并且可以看到，塔斯基对真理的定义隐含着对符合论的承认，而符合论真理就要承认外部世界的实在性（即"真"就是语言所表达的与世界本身的符合），也就是说真值条件语义学其实预设了一种形而上学的实在论。

达米特据此重塑了一种语义实在论，这种语义实在论将超验的真值条件看做是语句的意义，所谓超验的真值条件与达米特提出的可决定性及不可决定性概念密切相关。可决定性是指：p 是有效地可决定的陈述，当且仅当，在任一个特定时间我们能够使自己处于这样一种情形，其中我们要么得到辩护地断定 p，要么得到辩护地否定 p。不可决定性

---

① Alonzo Church. Intensional Semantics ［C］// Martinich Aloysius. The philosophy of language，3rd ed. Oxford：Oxford University Press，1996：55.

② ［美］A.P. 刘易斯. 语言与语言［C］// ［美］A.P. 马蒂尼奇. 语言哲学. 牟博，译. 北京：商务印书馆，1998：739.

是指：我们没有处在某个有效地可辨认的情形下使得我们承认某个陈述的真假，并且我们不具有有效的手段使得自己处于这种情形中，这个陈述就具有不可决定性。换句话说，不可决定性就是说，不但我们不具有一个句子真或假的证据，并且我们也不知道如何获得这种有保证的证据的程序。而相反的情形，陈述或语句就是可决定的。由此，达米特得到了语义实在论论题，他认为：我们对关于外部世界的不可决定陈述的理解包含于我们对其真值条件的把握，在这种情况下，相关不可决定陈述的真值条件是潜在地超越于证据的。说不可决定陈述的真值条件是超验的，是因为我们不知道确保获得关于这个陈述的真假的证据的方法，我们只知道我们以任何方法都无法得到相关证据。达米特将这种观点扩展到所有关于关于外部世界的陈述，认为对这些陈述的理解包含了对其超验的真值条件的把握，由此，语义实在论就是将潜在地超越验证的真值条件看做是语句的意义。

虽然达米特根据弗雷格的立场和真值条件语义学塑造了一种语义实在论，但是他的目的是就此反对关于外部世界的实在论立场①，因为在他看来，关于外部世界的实在论依赖于语义实在论论题。而语义实在论的错误在于，所预设的世界上存在着使语句真或假的超验的真值条件是不存在的，语句的真假依赖于我们的认知能力，比如有些语句是无法判定真假的，古典的二值逻辑在某些情况下也是无效的。达米特所塑造的

---

① 达米特反对实在论的一种理由是这样的，比如对于数学中的柏拉图式实在论，数学家可以随心所欲地引进一些数学符号（这有些像小说家），但是并不能随心所欲地证明他想证明的数学结论（这又有些像天文学家），因此将数学家比喻成小说家（数学直觉主义）或天文学家（数学柏拉图主义）都是不恰当的。而似乎形而上学的讨论总是离不开比喻，否则的话就难以被人理解。然而，比喻对于形而上学讨论来说又总是难以全面的，达米特认为为了避免比喻造成的不当，应该将形而上学讨论中的比喻意思仅限于其字面意思，而实在论的字面内容包含在语义实在论的字面内容中，也即语义学实在论先于形而上学实在论。达米特认为哲学的语言学转向以来，人们认识到意义理论对哲学来说才是根本的。（Dummett M. Frege. Philosophy of Language ［M］. Cambridge, MA: Harvard University Press, 1973）

语义实在论直接源于对真值条件实在性的预设。不过，米勒①并不认同对语义实在论的这种塑造，也不认同达米特对外部世界的实在论（即本来的实在论）与语义实在论关系的界定，即语义实在论是本来实在论的基础，或者说语义实在论蕴含着本来实在论。笛卡儿关于哲学各领域有个树的比喻，认为应该从认识论来建构形而上学，即认识论是树干，而形而上学是分支，达米特的特点是将意义理论作为哲学的主干，形而上学是基于意义理论的分支，而德维特②认为达米特是颠倒了马与马车的关系。不过，米勒认为这些比喻都不恰当，只有纽拉特（Otto Neurath）的"船喻"才比较贴切，即语义学与本体论都在一条船上；本来的实在论与语义的实在论不是谁先谁后（逻辑意义上的先后）的关系，而是相互支撑的整体，实在论是种世界观，至少包括形而上学、知识论和语义学，以及这三方面的内部融洽性。实在论的问题是如何描述过去、未来的事物的存在以及数等抽象对象的存在，语义学则是如何讨论和思考形而上学承认的对象和性质的理论，关于外部世界的实在论与对真值条件概念的理解，就构成了语义实在论。

关于外部世界的实在论者会认为，形而上学并不是关于意义的而是关于世界本身的，本来的实在论的字面内容也并非由语义实在论给出。关于外部世界的实在论立场并非必然承认语义实在论，因为语义实在论归根结底是由本来的实在论和真值条件概念结合而出现的关于意义的实在论立场。本来的实在论与语义实在论可以说是最佳搭档，因为当前的实在论，即科学实在论，一般都承认我们当下所相信的仅仅是实在的近似，每个新的观察证据都将使我们的认识与实在本身更近一步，而超验的真值条件概念恰恰反映了科学实在论认识论上的这一特点，而真值条

---

① 米勒是就此反驳达米特对于实在论的整体反驳。不过，从米勒的论述可以看到另外一种看待语义实在论的方式。（Miller A. The significance of semantic realism [J]. Synthese, 2003, 136（2）: 191-217）

② Devitt M. Aberrations of the realism debate [J]. Philosophical Studies, 1991, 61（1）: 43-63.

件概念本身又恰恰预设了关于外部世界的实在论。无论本来的实在论与语义实在论的关系到底如何，关于语义实在论有一点是明确的，这就是语义实在论源于对真值条件概念本身的实在论立场，即语句的意义是其真值条件，而真值条件本身就是那个使得语句为真或为假的独立存在的东西。因此，承认了弗雷格式涵义的真值条件语义学解读，也就选择了一种关于涵义的实在论立场。

既然语义实在论是本来的实在论与真值条件的合体，这里就会出现这样的追问，真值条件是怎样的实在？一般认为真值条件也就是使得相应语句为真的情况或事态，而把语句为假看做是世界中没有相应的情况或事态出现，这就涉及如何理解这个世界中所出现的事态，以及如何理解使得语句为真或为假的事态。当前关于世界的实在论多是唯名论倾向的，也是唯物论倾向的，不同于传统的柏拉图式的实在论，即只承认个例①的实在性，这种立场在表述上试图与常识以及当下科学理论相匹配，比如常被讨论的实在论论题是这样的：当下常识中可观察的个例以及科学中物质性的类型的个例，它们不依赖于精神而客观地存在着，并且它们客观地具有某些属性。根据这种实在论我们可以扩展出一种对真值条件的实在论理解，那么，真值条件是否就是语句所对应的事件个例呢？显然并非如此。比如当我们说，"雪是白的"为真当且仅当雪是白的，似乎"雪是白的"这个语句对应着白色的雪这一客观事件；但这样说是不合适的，因为当我们说"柏拉图是哲学家"为真时，并没有一个与其对应的事件。真值条件是指句子为真或假的情况，而"柏拉图是哲学家"为真的情况就是，"柏拉图"指称的对象满足了"哲学家"指称的概念，或者说在指定时空中"柏拉图"指称的对象正确地

---

① 这里涉及类型（type）与个例（token）的区分，这种区分也就是关于描述性的概念与例示这个概念的对象的区分。比如，句子"这个笔记本电脑在桌子上"中所谈论到的这个笔记本电脑就是笔记本电脑类型中的一个个例。通常这种区分中常用到的说法是，表示类型、概念、属性、特点、特性等的语词用来描述事物，我们可以说一个具体事物例示了类型、具体化了概念，展示了属性或拥有特点或特性等。

例示了"哲学家"所指的那个概念。同样地，使得"雪是白的"为真的事件并不是白色雪的存在状态，而是"'雪'所指称的事物例示了'白'那个概念"这个事件。"白色雪的存在状态"是指的我们日常可感的事物的一种事态，而"'雪'所指称的事物例示了'白'那个概念"则是一种有关语言及其使用的一种事态，也正是在这种意义上，真值条件被看做是一种语义事件或事态，它是相对应的实在论所承认的诸种事件或事态中的一类。由此，弗雷格式涵义在这种语义实在论下也就成了一种语义事件个例。

关于涵义至少有上述两种实在论立场，一种是将涵义看做柏拉图式的实在，一种是将涵义看做真值条件式的实在（语义实在论），这两种实在论立场的共同点在于保证了涵义所具有的客观性。柏拉图式实在的涵义面临的困难是显然的，这也是柏拉图主义都要面临的难题，至少有以下两个：一个可以称为本体论假设无穷倒退的问题，另一个可以称为认识论无法触及的问题。对于弗雷格来说，概念词指称的概念是柏拉图式的实在，而概念词表达的涵义也是柏拉图式的实在。既然涵义也是实在对象，那么就需要不同于原来的概念词的新的语言符号去指称这个实在。于是，这个新的符号指称了原来符号的涵义，又表达了新的涵义，而这个作为实在对象的新涵义又需要第三个符号来指称，如此一来，对涵义实在的需求就陷入了无穷倒退。认识论上的无法触及是由于物理世界的封闭性，如同心物实在二元论所面临的心物如何相互作用的难题一样，如果假设一个第三域的实在，即刻就会发生这三个领域（心、物、第三域）如何相互作用的问题，最直接的就是受因果闭合制约的第三域的实在。

当然，对于这样的难题有人也试图给予解答，比如波普尔认为，对理论及论据的探讨是属于客观的或第三世界的探讨，而对科学知识做的行为主义、心理学的、社会学的探讨是对主观的或第二世界的探讨，对于世界本身的探讨属于第一世界的探讨，第一第二世界可以相互作用，第二第三世界也可以相互作用，只是第一第三世界不可相互作用，必须通过第二世界间接地作用。不过波普尔只是分析了对三个世界进行的探讨之间的关系，并没有直接分析三个世界间的关系。国内学者黄敏对此问题提出了如下看法：心灵在把握抽象的思想时所要做的，不是与一种抽象的东西联系起来，而是学会使用概念文字。概念文字是语言，也是以某种物理形态存在于物理世界中的东西，因此心灵与其的链接不难说明。把握句子的思想，就是把句子置于复杂的逻辑网络中的一个正确的位置上。而学会使用句子，就相当于知道它在这个逻辑网络中的正确位置在哪里。不过这里存在的问题是，为了把握思想，心灵就必须已经具备了关于一些物理对象的知识，但是如果知识的获得以把握思想为前提，这里就会出现论证上的循环。黄敏建议用"认知负荷"这个概念来解决这个循环问题。不过，这里的难题在于认知负荷这个概念本身也是模糊的。

与对将涵义看做是自成一类的实在对象的反驳不同，语义反实在论着手于从真值条件这个概念反对语义实在论，这是源于实在论所预设的真理概念本身的没有得到分析，并且潜在的超越验证的真值条件这种说法也会导致一些困难。蒯因、克里普克等人反对将涵义看做实在的代表，即他们反对语义实在论。涵义或语义的反实在论认为，我们用语言表达式所意味或表达的，也即意义，必须与我们所获知的相关证据有重要关系，我们能够理解一些陈述，仅仅是因为涉及我们可以将之视作这些陈述的证据的东西，并不需要关于这些陈述的超验的真值条件。

语义实在论依赖于真值条件的客观性及超验性，而反语义实在论正是从这两点出发来反驳语义实在论的。有些句子具有意义，我们能理解，但是它们似乎并不具有真值条件，比如当我说"杀人是错的"的时候，这是一个道德判断，我表达的是非认知的态度，即一种情感上的反对，而非一种或真或假的信念。但是这样说的时候，就会面临"弗雷格-吉奇"问题，比如在条件句"如果杀人是错的，那么把你的弟弟带到杀人犯那里就是错的"中，对其前件"杀人是错的"显然又是从其真值来考虑的，而不是说你赞不赞同杀人是错的。承认所有语句都有真值条件，就能避免"弗雷格-吉奇"问题，但是解释不了道德判断的非认知态度，因而，"杀人是错的"的真值条件是出于主观而非客观的。于是，否定了真值条件的客观性就使得语义实在论处于不利地位。反驳真值条件的超验性的论证思路是这样的：我们把握了一个句子的涵义就等于说知道了其真值条件，而如果将一个知识归属于一个说话者，至少原则上说话者能够获得这种知识；然而，我们又不可能获得这种超验的真值条件（否则就不是潜在的超验的了）。因此，这里的矛盾暗示了语义实在论的不成立。因此，对于语义反实在论者来说，即使承认语句的意义就是其真值条件，这种真值条件也并非潜在的超越验证的，而达米特则用可断定性条件代替了真值条件。不过将意义等同于判定性或辩护性条件，与以下两个论题的合取则是不相容的，即"断定是信念的表达"与"信念能够功能地个体化"①。因此，语义实在论仍然有得到辩护的可能。

不过，涵义的实在论立场的困难仍然是显然的，因而，有人建议对涵义的本体论持缩减论立场，比如希尔②（Christopher S. Hill），也就是在讨论语义概念时，只重视思想和现实的那种形而上学或经验直觉，比如一种镜像关系或语义对应关系，而不确切某种形而上学立场和经验预设。伯纳瓦克③（Daniel Bonevac）则认为语义学传统上将语义概念还原为非语义概念、将抽象存在还原为具体存在的努力都是失败的，他用随附性概念来探讨语义概念的本质，认为包含语义概念的真随附于不包含语义概念的真理。所谓随附性概念可以这样来界定，一个领域随附于另一个领域，当且仅当，后一个决定前一个，前一个组成是后一个组成的函数。比如说 x 随附于 y，则 y 决定 x，x 仅仅依赖于 y，x 的构成是 y 的构成的函数，y 事实决定 x 事实。说涵义是随附性的，就是说涵义并

---

① 阿皮亚对此进行了论证，参见 Appiah A. An Argument against Anti-realist Semantics ［J］. Mind, 1984, 93（372）：559-565.

② Hill C S. Thought and World：An Austere Portrayal of Truth, Reference, and Semantic Correspondence ［M］. Cambridge：Cambridge University Press, 2002.

③ Bonevac D. Semantics and supervenience ［J］. Synthese, 1991, 87（3）：331-361.

非语义事件，不存在所谓的实在性的语义事件；涵义随附于其他的非语义事实，并由这些非语义事实所决定。

将涵义看做是实在性的，其目的是为了解释涵义或思想的客观性，而这种客观性恰恰是思想的可交流特点所要求的，不过所谓的客观性有形而上学的客观性和认识论上的客观性之分；前者是说涵义在形而上学上独立存在，也即前面所说的实在论的存在性维度，后者是说不同的认知者都能够对某物形成基本一致的认知，也即实在论的独立性维度。不过，具有形而上学客观性的东西，并不一定能够为人们认知，比如说如果承认宇宙是无限的，那么我们虽然承认离地球最远的星球的存在，却不能够认知它。而认识论上的客观性也可能是由于其形而上学上的客观性基础，比如科学实在论会认为科学知识的客观性就源于它描述了实在的客观世界；然而，认识论上的客观性并非必须由形而上学的客观性做担保，比如上帝的观念是有认识论的客观性的，但其形而上学地位是有疑问的。不过，如果说某一事物具有认识论上的客观性，那它必然能为人们所知。对于涵义来说，它显然具有认识论上的客观性，这一点由它在事实上可被交流所担保，而它是否有形而上学的客观性则是有疑问的，涵义的实在论所面临的困难表明了这一点。如果看到涵义并不能独立于语言而得到表达，也不能独立于认知而得到交流，那么，涵义或思想作为一种实在论意义上的实在的幻象就有可能消失。涵义可能是一种功能概念或属性概念，而非实在性概念。

二、语义内在论与语义外在论

语言符号所表达的涵义或意义是否依赖于它所描述的外在世界，以及与语言使用者的心理状态又有着什么样的关系，对这两个问题出现了不同的回答，这也就是语言哲学中的语义外在论和内在论的分歧。对于弗雷格来说，涵义在本质上就是思想或思想的一部分，而思想通常被看做是具有真值的语义对象。思想在心灵哲学中则被看做是心理内容，这种心理内容及状态与外部世界有什么样的关系也有着内在论与外在论的争论，因此语言哲学与心灵哲学中的内在论和外在论有密切关系。不过，在心灵哲学中相应的讨论通常被看做关于宽内容（外在论的精神内容）和窄内容（内在论的精神内容）的区分。语义外在论认为，语词的意义全部或部分由外在于语言使用者的因素决定。根据外在论立场，有可能两个语言使用者在说出一个句子时处在完全相同的大脑状态中，但是他们说出那个句子却意味着不同的东西，这并不会产生矛盾。语义外在论有时是从认知角度来解释意义，有时则从语言角度解释意义，前者是指思考者具有的概念或思想内容由思考者的外部环境决定，后者是说语词的意义是由外部环境决定的。外在论的支持者主要有普特南、戴维森及其支持者等。语义内在论则认为，知道一个语词的意义就是处在一定的心理状态中，而这种意义决定了语词的外延；语义或思想可以等同于某种心理状态，心理状态并不与外在世界或环境具有直接的因果关系，因此思想不由思考者或认知主体的外部世界或环境直接决定。语言使用者的大脑状态完全相同时，他们所说出的话就意味着相同的东西，这可以说是当代版本的心理主义。内在论的支持者主要是各种意向论者和心理语义学的提倡者，比如格莱斯及其追随者、塞尔、福多等。当然这种区分并不为所有哲学家所认可，当代著名哲学家查尔莫斯的二维语义学则认为心理内容是既宽又窄的。

涵义或思想到底是内在的还是外在的，其争论焦点主要是语言符号表达的涵义与外部世界或环境有没有本质性的关系。语义外在论被认为是直接指称论的必然推论，朴素的直接指称论者认为名称的指称对象即是其意义，精致的直接指称论者（即历史因果指称论）认为语词通过历史因果链条与指称对象发生联系，历史因果链条是外在的。因此，意义也是外在的。这是一种强的外在论立场，比如克里普克倾向于此立场。相对而言有一种较弱的外在论立场，认为语言的意义与外部世界或环境有着本质重要的联系，但不一定等于外部世界的事物或事态，比如戴维森认为心理状态与公共语言之间有着复杂的相互依赖关系。关于语义内在论与外在论的争论，经常通过各种思想实验来进行分析较量，比如著名的普特南的孪生地球①、戴维森的沼泽人②等。语义外在论立场最早源于普特南，虽然他当时并没有用"外在论"这个说法，但是他简单明了地表达了语义外在论的鲜明立场，即意义不在头脑之中。

比如在谈到榆树和榉树这两种相像的树种时，许多人并没有关于这两种树区分的知识，也就是他们头脑中并没有对应于榆树和榉树区分的心理状态或者说大脑神经状态。那么，当这些人说到榆树时他确实表达了榆树的意义吗？他确实指称了榆树而不是榉树吗？对于语义外在论者而言，这些人说到榆树时他确实说的是榆树而不是榉树，不管他有没有关于榆树的准确心理表征，因为确保他做到这一点的并不是说话者本人，而是他所在的语言共同体；语言共同体中不同的人具有不同的语言能力的分工，比如植物专家能确保区分榆树和榉树就行了。这种关于我们使用语言表达意义或思想的解释很符合这样一种语义常识，即我们确实可以有效地谈论到许多事物，虽然对这些东西我们不甚了解，比如引起当前科学界热议的引力波，虽然许多人并不清楚这到底是怎么回事，但是许多人，比如民间科学家、媒体记者、普通大众等都在谈论交流这件事情，并且我们也似乎没有理由说这些不懂引力波的人根本就没有权利谈及引力波。

另外一个对语义外在论的著名论证是由"缸中之脑"引发出来的，假设有一个缸中之脑，通过各种电极刺激对它模拟了一个虚拟世界，于

---

① 普特南在 *Meaning and Reference*（1973）及 *The Meaning of "Meaning"*（1975）都提及并讨论过这个思想实验。大略是：在宇宙中某个地方有颗行星，在每个方面都与地球十分地相似，可以称其为孪生的地球，但是这两个星球有一点不同，就是孪生地球上没有分子结构为 H_2O 的水，而对应的是结构为 XYZ 的液体，当孪生地球上的人说到"水"时，他指称的并不是 H_2O 而是 XYZ。

② 参见戴维森 *Knowing One's Own Mind*（1987），这个思想实验的大略是：戴维森某天走进沼泽地但不幸被雷劈成了碎片，与此同时，在这个沼泽地里，在雷电作用下重排了一组分子，产生了一个在身体结构上完全和被劈死的戴维森相同的生物，戴维森称其为沼泽人。这个沼泽人在大脑结构上也与戴维森完全同一。但是当沼泽人回到原来戴维森工作的环境并"重新"辨认出戴维森的朋友时，我们就不能说沼泽人"认出了"戴维森的朋友，因为沼泽人以前并没有见过戴维森的朋友。

是有如下论证：或者我是缸中之脑，或者我不是；如果我不是缸中之脑，那么当我说"我不是缸中之脑"时，这是真的；当我是缸中之脑时，当我说"我不是缸中之脑"，这也是真的。后一个推论为什么真呢？这并不像前一个推论那样自明，需要解释，这是因为，当我确实是缸中之脑时，所谓的"我"就是那个虚拟出来的我，而那个虚拟出来的我当然不是那个缸中之脑，因而后一个推论也为真。这个论证一方面告诉我们，不管事实上我是不是缸中之脑，只要我说出"我不是缸中之脑"，我所说的这句话都为真；另一方面又告诉我们，被说出的"我不是缸中之脑"这句话之为真，因此并不依赖于心理状态，而是依赖于外部世界的情形，因为在两种情形下心理状态都是一样的。说两种情形下心理状态一样，是因为缸中之脑恰恰是在心理状态上对现实世界中的"我"的严格模拟。

　　对于语义内在论来说，语言所表达的思想的内容，也即意义，就是所对应的心理状态。对此，也有一个经常被讨论的思想实验，这个实验的场景是这样的：艾克（小男孩）的母亲和迪娜的（小女孩）母亲是双胞胎，但是别人无法分辨她们（长得一模一样），这两个孩子的妈妈由于某种原因从来不打交道，两家人在艾克和迪娜出生之前就已经毫无往来了，但是艾克和迪娜被抚养长大的环境又极其相似（也可以说，艾克和迪娜来自两个孪生地球，这对孪生地球的唯一不同就在于艾克和迪娜这对对应体的细微差别），于是，当艾克说"我想我妈妈"时，我们给艾克带来了迪娜的妈妈，艾克无法觉察到有什么不同，因而哭闹找妈妈的小艾克安静下来了，他的愿望得到了满足。信念是真或假的东西，欲望是满足与否的东西，对于语义外在论者来说，使一个信念真或假或使一个欲望满足与否的东西，应该是它与非心理世界，也即外部世界或环境的关系，而不是与其他信念的关系。也就是说，按照外在论的立场，被带来的迪娜的妈妈并不能满足艾克"我想我妈妈"的愿望，因为艾克所说的"我妈妈"是他真正的妈妈，而不是与他的妈妈很相像的迪娜的妈妈；然而，迪娜的妈妈事实上确实满足了艾克的愿望，由此，外在论立场遭到了质疑。内在论对外在论最直接和有力的质疑就是认知者对自我知识的优先性问题，也就是心灵哲学中的感受质问题，比如一个车祸中丧失右臂的人会说"我右臂痛"，只要他能肯定这一点，别人就无法质疑他说的话的真实性，因为他不但相信他所说的，甚至他还能感受到右臂那种痛，虽然他已经失去了右臂。因此，一个信念的真假，似乎并不必须要由它与外部世界或环境的关系来进行评价。

语义内在论者认为，一方面思想是命题态度，具有内在的心理表征，而自然语言是思想的公共的和外在的表征；另一方面思想是控制外在行为的内在状态，并由此与外部世界发生间接的因果关系。比如，福多①等人提出的思想的语言（language of thought，简称 LOT）或者叫心语（mentalese）假设，就是语义内在论的典型。这种假设认为，思维在思想语言中发生，人只有通过思想语言才能理解语言的意义，比如对于说某种自然语言（英语、汉语等）的人，在进行交流或思考的时候，需要先将所看到或听到的自然语言符号翻译为思想语言，从而理解语言的意义，经过处理后，再将思想语言翻译为自然语言符号从而表达或交流思想。思想语言确确实实地编码在大脑中，而不仅仅是一种有用的解释工具，它同自然语言一样都具有公共性，不过自然语言是对思想的外在表征，而心语是对思想的内在表征。而所谓的心理表征是指：MP 意味着 P 并且 O 具有 A，当且仅当 O 与 MP 具有 R 关系（O 指任一个有机体，A 指任一种命题态度，P 指命题态度下的相关命题，R 指计算的或功能的关系，MP 指心理表征）。也即是说，心理表征系统就是思想语言，它也具有句法规则并且能根据逻辑规律进行变换操作；它是自然语言的意义得以理解的内在机制和基础，但它的内容并不受外在因素的直接因果作用。

从以上关于语义外在论和内在论的分析和论证上可以看到，这种区分并不是本体论上的区分。因为，比如外在论的普特南在本体论上是个实在论者，戴维森则被称为异例一元论，而语义内在论的格莱斯是行为主义者，福多则是功能主义者，从传统唯心唯物二元区分来讲，他们都

① Fodor Jerry. Language of Thought [M]. New York: Thomas Y. Crowell, 1975.

倾向于科学唯物主义态度。语义上外在论和内在论的争论焦点在于如何回答"说出一个语句意味着什么",也就是说对于语言表达式的意义,是该从它与外部世界或周围环境的关系来着手考虑,还是从它与内部心灵状态的关系来着手考虑。因此,这是一种认识论或方法论上的区分。语义内在论作为一种方法论已经成为当前语言学家工作中的主流,而外在论则既不是他们的目标也不是他们的预设,对于语言现象他们普遍持一种内在论立场。当然,对于这种方法论上的选择,经验科学的发展,特别是认知心理学的研究成果,对其影响功不可没。那么,弗雷格关于涵义会采取哪种立场呢?

　　关于如何讨论对语言意义的理解,可以说弗雷格也有他的思想实验,比如他的探险家思想实验,说的是这样一种情形:一个探险家来到一个未探索过的国家,看到北边地平线那里有座白雪皑皑的大山,通过当地人他得知这山叫阿法拉;另一个探险家在南边的地平线也看到一座白雪皑皑的大山,当地人叫阿塔布;后来发现,这两个探险家看到的是同一座山。弗雷格认为,语句"阿塔布是阿法拉"的内容不仅仅是同一律的结果,而是一个有价值的地理发现,"阿塔布是阿法拉"与"阿塔布是阿塔布"所表达的内容是不一样的;如果说与"阿塔布"所对应的思想是指称的那座山的话,这两个语句的思想就应该是一样的,但是"阿塔布"所表达的思想与"阿法拉"所表达的思想却是不同的。对于弗雷格的分析,我们可以清楚地看到,弗雷格不仅顾及语言表达式与外部世界的关系,也就是表达式的指称,即只有"阿塔布"与"阿法拉"指称同一座山,"阿塔布是阿法拉"才是真的;他还顾及说话者的认知状态,即"阿塔布是阿法拉"是一个地理发现,正是对于"阿塔布"与"阿法拉"认知状态或者说心理状态不同,才使得那两个语句表达了不同的意义。对于弗雷格而言,他既认为涵义与指称密切相关,又坚持涵义是自成一类不可还原为指称的;既认为涵义不能与人的心智分离,又认为不能把涵义完全等同于心理状态或精神事件类型。也就是说,就弗雷格的立场而言,他关于语言的意义既不是外在论的也不是内在论的,然而也可以说他兼顾了语言意义的外在方面和内在方面。

三、涵义或语义的规范性本质

语言本身具有规范性是人们广为接受的论题，语言所表达的意义，也就是所谓的意义本身是事实性的（或者说描述性的）还是规范性的，则存在着普遍争议。按照弗雷格的看法，语言表达思想，思想是抽象对象，也就是说意义是事实性的、描述性的，而蒯因、克里普克都强烈反对这种晦暗不明的意义实在假设，对此前文已有所论述。维特根斯坦在讨论遵从规则的问题时发现了遵从规则悖论，即：行为过程不可能被一个规则决定，因为任何行为过程都能够根据这条规则被做出。比如说你从未做过 56 以上的加法，现在则被要求计算 68+57 等于多少，你可能像以前做的那样运用加函数，并且计算出正确结果 125，但是一定如此吗？并非如此，假设你的计算结果是 5，它与你以前对"加"的用法也会依然一致，因为通过"加"你可以说你实际上意味的是"quus"函数，也即你只需要定义"quus"函数为："x quus y"＝x+y, if x, y<57；否则的话 x+y＝5。有人认为这个论证很容易反驳，只要规定加函数不是被一些例子定义的（比如你运算过的 56 以下的加法），而是由一般规则或算数定义的，就能够不出现悖论。但这个反驳是无力的，因为这个论证质疑的恰恰就是规则本身，规则（比如用一般算术规则来定义加函数的规则）对解释规则提供不了帮助，因为它们本身可以具有不同的解释。

对于这个显著的悖论，基于我们做上述论证时的这样一种做法，好像我们在某个时间内（比如只做过 56 以下加法的时候）给出了一种解释，而到后来我们又开始（比如开始做 56 及以上的加法的时候）给出了另一种解释，每种解释似乎都在某个时间满足了我们，直到我们考虑到了后一种解释。维特根斯坦认为这样做是错误的，这里存在着对遵从规则的误解。因为，遵从规则这件事并不等于思考遵从规则这件事，即"遵从规则是一种实践，而思考一个人在遵从规则并不是遵从规则"，这个悖论"只能说明存在着把握规则的一种方式，这种方式并非指对规则的理解，而是通过在实际的情况中所谓的我们遵从规则或不遵从规则中展现出来的"，也因此，"不可能私人性地去遵从规则，否则的话，思考一个人在遵从规则就等于一个人在遵从规则本身了"。① 从维特根斯坦的语言游戏论中我们知道，语言游戏就像通常的玩游戏，而语词的意义就通过它在语言游戏中的使用呈现出来；简单地说，语言的意义即是其使用，而游戏是遵从规则的活动。由此，可以看出维特根斯坦也是承认语言意义的规范性的，但是他认为语言的意义并没有对说话者隐藏着，意义对我们是开放的。对此，我们也不要去想（不要去解释、理解），只要去看就足够。然而，如果严格遵照维特根斯坦的嘱托去做的话，语义学或者任何意义理论就被消解掉了。

克里普克对这个悖论作了解读，他认为这个论证其实是关于意义实在论的怀疑，即所谓的意义怀疑论。这是一种新型的怀疑论，它不同于传统认识论方面的怀疑论（即 KW 怀疑）。克里普克的结论是，对于说话者而言并不存在一个什么事实，这个事实能够决定他使用一个语词的时候意味的是这件事而不是另外一件事。就上面的加函数的例子来说，克里普克认为这个悖论并非质疑数学中加法的有效性，而是质疑"加"的元语言用法，即我们是否可以指定某个事实来表明"加"指称的是数学函数"+"。克里普克认为他对这个悖论的解决是怀疑式的，即承认这个悖论为真，但是认为它并不像看起来那样会削弱我们的日常信念和实践，因为有共同体的行为为意义奠基（即其因果历史指称论），也因此，意义不是实在性的而是规范性的。克里普克这一论证使得后来人们普遍接受了语义学的规范性质，规范性甚至成了任一种合理的意义理论应该满足的理论预设。

不过，克里普客的解读虽然有重要成果，但他在一定程度上歪曲了维特根斯坦的本意。其实，维特根斯坦是拒绝了这个悖论，而不是承认这个悖论为真。这个悖论将理解等同于解释，这就导致了要么怀疑主义要么相对主义的二难选择，怀疑主义会说你怎么知道你的解释是正确的

---

① Wittgenstein L. Philosophical investigations［M］. Oxford：Blackwell Publishers，2001：201，202.

解释；相对主义则会说，不管我们的理解以及由此而来的解释是怎样的，只要我们这样使用了语言，其意义就这样被决定了。然而，我们对语言的理解在某些方面是独立于我们的解释的，也许我们是根据约定性的术语来考虑意义，即意义承诺了或要求我们按照一定方式使用语言。比如，当你把握了语词"狗"的意义时，你知道你应该用这个词指称狗而不是猫，如果如同这个悖论显示的那样不可能有确切的规则去约束语词的用法，那么，我们关于直觉上的意义的概念就会完全被破坏掉了。而对于如何遵守规则，有哲学家，比如麦克道尔①，认为并非出于对规则的理解我们才去遵从规则，遵从规则应被视为是从反复灌输到习惯或惯例的结果，也即是说所谓的理解加法，只是加法被训练成为一种习惯。

　　语言现象具有规范性主要体现在语义上和句法上，语义上的规范性源于语言与它所描述的对象间的关系的规范性；句法上的规范性源于对语言表达式构成方面（包括词法和句法）的规范性。那么规范性又是什么呢？一般讨论最多的是伦理学方面的规范性或认识论方面的规范性。规范性是与事实性或描述性相对立的概念，也即关于"应该做什么"的理论，有时还要回答"为什么应该做"的问题，而非"是什么"的问题。规范性与事实性是相互独立的，且规范性在地位上是高高在上的理想化，是对善的或真的追求的行动规范。比如说，"不许杀人"是伦理规范，而"张三杀了人"是事实描述，这条伦理规范不会因为存在违反它的事实而不成为道德真理，而这个所描述的事实也不会因为它不符合伦理规范而不成为事实。意义的规范性就是指，关于语言与它所表达的意义，要按照某种规则（如逻辑规则、行为规则、认知规则、理解规则等）做才是恰当的，才能够得到正确结果，才能够达到目的，才能够表达观点，才能够交流，等等。用语言表达意味某些东西要遵从一定规则来运用语言，这也就是规范性理论的功能，遵从相应理论操作

──────────

① Mcdowell J. Wittgenstein on Following a Rule［J］. Synthese, 1984, 58（3）: 325-363.

就能达到相应目的，如按照语言表达意义的规范要求就能够成功地表达意义，当说话者说出了一串不符合规范的字符时，他就不能正确表达所要表达的意义。

如同维特根斯坦所说，遵从规则不能是私人性的，那么，规范性也必须是公共性的，这是由规范性与约定性和事实性的密切关系决定的。规范是指某个群体所确立的一定的行为标准，既包括明文规定的标准也包括约定俗成未言明的标准，因此语言的规范性至少在某种程度上与我们通常所说的语言的约定性重合。如同斯特劳森所注意到的，虽然交流-意向论者与形式语义学论者相互对立，但他们都承认，语言意义很大程度上是由语义上的和句法上的规则或约定确定的，（具有共同语言能力的人所使用的）交流手段以一种完全约定性的方式而被有规则地使用。然而，约定性具有某种程度上的任意性。约定性的核心恰好在于某种无区别性，比如，"狗"这个字形也完全可以用来表示猫，绿灯也完全可以表示"停"，白色服饰既可以表示哀伤又可以表示喜庆等。对此，弗雷格也有过疑虑，他强调当 a=b 成立时，a=b 和 a=a 这两个等式的认知不同不能由 a 与 b 本身的不同来解释，因为这两个符号与某同一个对象的结合是任意的，"谁也无法禁止人们将任意某个事物或事件当做表示任意的别的事物的符号"[1]。遵从规则悖论的出现在某种程度上也是源于约定性的这种无区别性，比如前述的对"加"的"quus"定义，以及著名的"蓝绿悖论"中对"蓝绿"概念的定义。由于语言及其意义的约定性，并没有什么事实能够阻止我们做这样的定义。

一般认为，规范性独立于事实，然而根据这个标准，那些纯用法意义理论（即根据说话者的行为或行为倾向来解释语言表达式的意义，如果行为或行为倾向本身都是事实领域的）都会被排除掉，比如包括因果-信息论、概念角色论等，除非将行为或行为倾向本身也解释为规范的。因此，意义规范性根据它与事实及意向（或倾向）的关系有四

---

① Beaney Michael. The Frege Reader [M]. Oxford：Blackwell Publishers，Ltd，1997：153.

种版本，即：意义的规范性是由意义和真的关系决定的；意义的规范性与事实的正确性无关，而与某个词适用于（语言学意义上的）事实有关；语义的规范性是由意向的规范性本质而来的，意向的规范性即认为意向与未来行动的关系是规范的、而非描述的；意义和内容应该被理解为由我们共同的社会规则决定的，而非个人意向性决定的。意义规范性的坚定支持者会认为规范性是逃离了事实约束的，在形而上学上是自成一类的，因而规范性理论不能还原为它所论及的事物本身，也即意义理论不能由单纯的关于语言现象的描述给出。而西方哲学传统上具有这样一种特征，就是认为规范性有某种超脱性或者有某种特权定位，比如康德前两大批判的分别论述就体现了这一点，并通过对规范性这种特权定位的认可来为规范论题辩护，而这种论题本身就蕴含了对完全的真、完全的理性、完全的善及完全的美（即上帝那样的理念）的预设。

四、涵义的同一性

同一性问题是形而上学中的一个重要论题，一般认为同一性是种关系，即当 x 和 y 是一个并且是同样的事物的时候，x 和 y 具有同一性关系；或者说，当 x 和 y 共有所有的性质时，它们是同一个事物。同一性论题的现代形式又被称为"莱布尼茨律"，一般被表述为：x 与 y 是同一的，当且仅当，对于 x 来说是真的谓词对于 y 来说也是真的。不过，维特根斯坦认为不应该将同一性定为一种关系，他认为，同一性不可能是对象间的关系，因为说两个事物是同一的是荒谬的，同一个事物与它自身等同等于什么也没说。维特根斯坦的说法有一定道理。当我们在讲具体问题的同一性时，主要是指具有同一性的事物不可分辨，也即当 x 和 y 出现在我们面前时，我们无法分辨，我们就说 x 和 y 是同一的。当然，同一性不等于相等性，同一的必然相等，但反之则不然。比如当 a=b 成立时，a 与 b 指称相同对象，也即其赋值相等，a 与 b 虽相等但并不同一。弗雷格当时就是从这个等式出发发现了区分涵义与指称的必要性的，那么，我们说 a＝a 这个等式必然成立，是因为等式两边是同一的，即等式左边具有的属性等式右边也必然具有，因而等式两边的符号不但指称同一并且涵义也同一。指称同一就是赋值相同,那么涵义同一性又是指的什么呢?这就要根据对涵义的定义来理解。

对于弗雷格来说,如果 x 与 y 表示的是语言表达式的涵义,那么,当 x 与 y 同一时,其对应的语言表达式在间接语境或者内涵语境中就可以进行保值替换了。因此,给出涵义同一性的标准就显得十分重要。对于句子的涵义,弗雷格认为就是句子所表达的思想;他在给胡塞尔的一封信中提到,A→B 与 ¬(A∧¬B)表达了同样的思想,思想就是逻辑等值的句子所共有的内容,或者说逻辑等值的句子在内容中有某些共同的东西,这就是句子所表达的思想。这里可以将 A 和 B 看做原子语句,它们由不同的逻辑连接词连接起来,只要 A 和 B 出现的次数一定且逻辑等值,那么,它们就表达了相同的思想。可以看到,弗雷格这里给出的涵义同一性标准就是:逻辑等值的句子所共有的内容。弗雷格所给出的这两个语句 A→B 与 ¬(A∧¬B)都是复合语句,因此,对于复合句来说,其涵义同一性标准包括两个方面:一是复合句逻辑等值;二是复合句具有共同的内容,也即同样的原子语句出现的次数相同。那么,这里也相应隐含着原子语句的涵义同一性标准,即原子语句 A 与其自身同一,比如"张三打败了李四"与"李四被张三打败"这样的语句就是同一个原子语句 [可形式化为 D(x,y),D 表示打败,x=张三,y=李四]。

不过弗雷格在讨论否定的时候,又认为一个语句与它的双重否定句所表达的思想是不一样的,即 A 与 ¬(¬A)所表达的思想不同,这样说显然是否定了前述的涵义同一性标准,在这种标准中上述两个语句 A→B 与 ¬(A∧¬B)的涵义显然也是不同的。弗雷格所给出的两个不同的涵义同一性标准,暗示了弗雷格对句子的涵义有不同的界定或定义,关于这一点第二章已经有所讨论。也就是说,弗雷格给出了句子的涵义的两种概念:一种是认知的或者说认识论上的,一种是语义上的或本体论上的。从认识论角度来看,句子的涵义就是给出真值表的计算过程,理解涵义就等于是认识到了两个计算过程是不同的,比如 A→B 与 ¬(A∧¬B)的真值表显然是不同的,因而这两个复合语句的涵义是

127

不同的。从语义角度，涵义被定义为真值条件，那么理解涵义就等于是认识到两个句子具有相同的真值条件，比如 A→B 与 ¬（A∧¬B）因为具有同样的真值条件，因而，语义上这两个复合语句的涵义是相同的。弗雷格对句子涵义的两次界定的不可调和，源于他区分了语言表达式的指称、涵义与语气（一般指不影响语句真假的意义特性）之后，在解释复杂的语言现象时所遭遇的一些困境，比如空名问题和如何把握涵义的问题等。他在强调涵义与语气的区分时，使得他的涵义概念向真值条件倾斜；而在强调涵义与指称的区分时，又使得他的涵义概念离开真值条件向认知价值倾斜。这些困难的最初根由是，理解语言意义的时候，人的认知能力必须被引入进来，从而本来彻底分离的逻辑与心理（即弗雷格的反心理主义）又重新遭遇并必须结合起来，也即在弗雷格所谓的把握涵义的行为中，主观与客观不可避免地模糊了起来，从而使得涵义的同一性标准也模糊起来。

　　关于涵义的同一性有个普遍被认可的、直觉上的标准，即如果能够理解两个句子，并且能够融洽地说相信其中一个句子所表达的，而不相信另一个句子所表达的，那么这两个句子就表达不同的涵义或者不同的思想。这显然是遵从弗雷格提出涵义概念的本意，即通过解释认知价值的不同，来给出的涵义同一性标准。不过即使这个标准也可以有着不同的理解，即各种界定"能够理解""能够融洽说出"的说法。这种"能够"或许指的是即刻可辨认的能力，或许指的是演绎推导的潜能。比如，对于 A 和 A 这样的原子语句可以说对于任何正常人都是即刻可辨认的，而对于 A→B 和 ¬（A∧¬B）甚至其更复杂的逻辑等值式，就显然并非对于所有正常人都即刻可辨认。于是，这里的涵义同一性标准就分化成了两种，可以分别称为即刻可辨认性同一标准和演绎可推导同一标准，后者与涵义的真值条件解读相容，前者却不相容。演绎可推导同一标准预设了一种理想的具有无限计算推理潜能的理性人，而现实中我们人类的推理及计算能力是有限的，因此，对于不同思想如何不同的标准，应该运用一个更弱的关于理性的概念，这样才能将这个标准融洽地用到逻辑事物上去。

　　因此，在界定语言表达式的涵义时，要考虑我们认知者在逻辑事物上的知识的有限性。对涵义的同一性采取即刻可辨认标准是比较恰当的，这种标准可以修正为：如果能够理解两个句子，并且能够即刻说出相信其中一个句子所表达的，而不相信另一个句子所表达的，那么这两个句子就表达不同的涵义。这个涵义同一性标准可否用到语词的涵义上去呢？对于专名而言，其涵义一般被理解为就是其对指称被确定的方式所作出的贡献。普遍地讲，语词的涵义就是它对所在的复合语言表达式的指称的确定方式所作出的贡献。当然，指称的确定方式并非指称本身，语词的涵义也并不是它对其所在句子的真值条件的贡献。对于说话者而言，所谈论对象的确定方式首先也是与其认知有关的，因而，即刻可辨认性同一标准也是适用的。关于涵义同一性标准的讨论其实是关于涵义定义的细密性如何的讨论，考虑到弗雷格关于涵义的认知价值方面的强调，可以看到，基于认知价值对涵义的定义要比基于逻辑等值对涵义的界定要细密。

第五章　涵义作为自然的存在

第一节　形而上学中的自然主义

将弗雷格的涵义理论与自然主义放在一个主题下讨论，乍看起来是很不协调的，因为弗雷格可以说是反对哲学自然主义的标志性人物，他通过逻辑分析来探讨哲学问题，反对当时哲学中的认识论主流，特别是各种心理主义，从而为哲学的语言转向做了奠基性工作，被誉为分析哲学之父。他的这种哲学立场影响深远，比如早期维特根斯坦受其影响，反对将哲学看做是自然科学的一部分，认为哲学的目标在于对思想进行逻辑的澄清，认为心理学与其他科学相比不再与哲学有更紧密的联系，而达尔文的理论与自然科学中的其他假说一样与哲学无甚关系。逻辑实证主义受此哲学研究方法的影响，建议抛弃形而上学研究，当然也包括形而上学中的自然主义。自然主义虽然源远流长，但一度遭到主要哲学家的激烈批判，甚至成为肤浅哲学的代名词。20 世纪上半叶，蒯因提出了方法论的自然主义，认为应该将认识论作为心理学的一章。而到了近些年，人们对仅仅依据概念分析解决哲学问题的信心发生了变化，特别是英美哲学家，开始探索哲学研究更广阔的天地，他们从心理学、生物学、政治学、经济学甚至艺术中获取灵感和想法，重新阐述了认知论与形而上学中的传统问题。① 当今，自然主义受到了许多哲学家的推

---

① Kitcher P. The Naturalists Return [J]. Philosophical Review, 1992, 101（1）: 53-114.

崇，并已成为英美哲学形而上学讨论的主流，"如果能够说当下的分析哲学有一个哲学意识形态的话，无疑就是自然主义"①。

不过，自然主义有诸多不同的版本，不同的哲学家提出了各具特色的自然主义，如塞拉斯的实在论自然主义、胡克（C. A. Hooker）的进化的自然主义实在论、内格尔（E . Nagel）的结构的自然主义、科恩（M. Cohen）的理性的自然主义等。源于所选择的基准自然科学不同，又有持物理主义立场的，有持生物进化论立场的等；还有人在方法论上持自然主义，在本体论上则不然，有些人则相反。不同版本的自然主义在一些论题上会有不同的说法和立场，以至于心理表征的目的论语义学提出者之一帕皮诺说，"'自然主义'这个术语在当代哲学中没有十分精确的意义"，"'自然主义'用在当代哲学家身上并不是特别能提供信息"。② 比如，培里（Ralph Barton Perry）区分了朴素自然主义和批判自然主义，前者"继续着哲学上对于一个宇宙实质和原始因的追求，而且宣称已经在'物质'或'力'等这些科学概念中发现了这样一个宇宙实质和原始因"，后者则拒绝传统哲学的方法、问题和结论，"它最后的定论就是一种认识论"。③ 方法论上的自然主义和本体论上的自然主义有时又被称为蒯因式自然主义和埃里亚式自然主义。蒯因在现代开了方法论自然主义的先河，他说："自然主义是关于个体和/或种族对于可靠的外部世界理论的实际获得的理性重构。它将解决这样的问题：我们作为物理世界实实在在的居住者，是如何从我们与这个世界贫乏的接触中创造出关于这整个世界的科学理论的呢?"④ 因此，他侧重的是关于获得科学理论的方法论问题。埃里亚式自然主义认为本体论上

①　Kim Jaegwon. The American origins of philosophical naturalism［J］. Journal of Philosophical Research（Supplement），2010（28）：83.

②　Papineau David. Naturalism，in Stanford Encyclopedia of philosophy［EB/OL］［2007-02-22］. http：//stanford. library. usyd. edu. au/entries/naturalism/.

③　［美］拉·巴·培里. 现代哲学倾向［M］. 傅统先，译. 北京：商务印书馆，1962：67.

④　Quine V. Ontological Relativity and Other Essays［M］. New York：Columbia University Press，1969：127.

承诺的东西必须是具有因果效力的东西，也即只承认当前最优秀的自然科学所承认的东西，对于真、指称、数学、可能世界等的存在持一种虚构主义或缩减论立场。

自然主义立场虽然已经得到了当前大多哲学家的认可，但是也不可避免地面临各种质疑，一类是质疑自然主义不能解决一些标准的哲学问题，比如感受质（qualia）问题、意向性问题、规范性问题、数学知识问题以及自由意志问题等。生物进化论是经常被自然主义者选取的立场，普兰廷加就此提出了反对自然主义的进化论论证，这个论证认为如果进化论和自然主义都真，那么就会产生矛盾。因为在自然进化论模型中，人类认知能力首先是用来产生具有生存价值的信念，而并非产生真信念的，具有生存价值的信念并非必然真，而真信念也并非必然是保证生存延续的。另一类是质疑自然主义内部并不协调，比如孔斯（Robert C. Koons）就认为，全面的自然主义（本体论自然主义、表征自然主义、元哲学自然主义的合取）是自相矛盾的。普莱斯（Huw Price）则认为不管蒯因式自然主义还是埃里亚式自然主义，都不能为本体论承诺提供真正的验证。

当前大多数哲学家同意哲学研究应该借鉴科学成果，而不应做摇椅上哲学家的闭门造车，自然主义者主张科学研究和哲学研究是可以无缝对接的。在蒯因看来，哲学不是先验的预备知识或基础，而是与科学连续的。即使自然主义方法论没有蕴含本体论的自然主义，甚或其间尚有没有解决的冲突，自然主义者福利斯特（Barbara Forrest）仍认为："哲学上的自然主义肯定不是种哲学上的偏好，而是唯一的合理的形而上学结论，如果合理性指的是既有经验基础又逻辑融洽性的话。"① 对自然主义的质疑促进了自然主义哲学家对哲学问题更加深入的讨论，并将自然主义立场扩展到更广泛的哲学论题上去，比如国内著名的物理主义者叶峰提出了对指称与真进行自然化的方案，认为："指称与真的初始承

---

① Barbara Forrest. Methodological naturalism and philosophical naturalism：Clarifying the connection ［J］. Philo, 2000, 3（2）：4.

载者（primary bearers）是自然世界中实际存在着的，由大脑神经元实现的概念、思想的实例（tokens），以及自然世界中实际存在着的，作为声音、文字模式的语词和句子的实例（tokens）。"　"指称与真不是大脑中的事物与环境中的事物之间的简单对应，指称与真还依赖于大脑的进化历史、个体发育历史、以及个体发育历史上大脑所处的实际环境。"①

　　比指称的自然化更难处理的是逻辑真理问题，逻辑一般被认为是规范性的，不能被自然化；即使这个问题也已经被自然主义哲学家广泛讨论了，比如根据蒯因的观点，逻辑处在信念之网的核心，远离感觉经验，逻辑真理也是由其在理论中的成功运用得到确证的，因此也是后验的，只不过是最不容易改变的。麦蒂②（Penelope Maddy）批评蒯因的自然主义会导致心理主义，他也不同意某些自然主义对逻辑的简单还原论或者某种形式的语言约定论，而是提出了一种实在论且可误的逻辑真理的自然主义立场，并认为这种观点从康德得来。且弗雷格对其进行了推进，他的修正则是去除了其中所有超验的，也就是非自然的机制。对此，胡克也会表示赞同，他举例说："在逻辑本身的域内，替代规则曾经一度被广泛接受为逻辑推理的一条有效的规则，现在又恰好被当代逻辑系统广泛地摈弃了。在目前，在各种不同的逻辑系统中，对排中律有日益多样化的处理方法。"③ 因此，自然主义虽然也可接受规范性，但认为规范性理论并无任何特权地位，它是可错的，并非超验的、不可逾越的。

　　这意味着弗雷格关于涵义的柏拉图主义立场也并非不可挑战，我们关于抽象对象的知识完全可能和自然主义相容，不但如此，由于柏拉图

---

　　①　叶峰.物理主义的指称论与真理论应该是怎样的［J］.哲学评论，2012（1）：65.

　　②　Maddy P. A naturalistic look at logic ［J］. Proceedings& Addresses of the American Philosophical Association，2002，76（2），61-90.

　　③　［美］胡克.自然主义实在论：纲要和研究纲领［J］.范岱年，译.自然辩证法通讯，1994（2）：6.

主义立场使得弗雷格式涵义变得神秘莫测，我们更有理由和必要从自然主义角度对涵义的形而上学方面进行一番研究。而对于与涵义密切相关的语义学则早已出现了多种版本的自然化方案。如果将语义和意向性看做是实在的属性，就似乎很难在自然界给它们找到位置，因此将它们处理为非实在的，就可以消解这个难题。这种考虑为我们从自然主义角度理解弗雷格式涵义提供了参考。

一、自然主义的基本信条

哲学中的自然主义源远流长，可以追溯到泰勒斯那里，他第一个不用自然原因（诸如神、上帝之类）而用自然物质（水）来解释这个世界，这也是"自然主义"的最早由来。自然主义研究哲学问题时坚持这样的立场倾向，即认为世界上只有自然律和自然力量在起作用，反对超自然的规律和力量，诸如灵魂、神灵、绝对精神、先验自我、先验立场等。根据程炼的分析，自然主义者坚持两个元论题，即："（1）元本体论论题：受尊重的自然科学的解释中推设的物项是仅有的真正存在的物项。（2）元认识论（或方法论）论题：关于世界的真正的知识只能通过遵循自然科学的方法才能得到。"①

自然主义在本体论上可以说秉持两个信条，首先是反对任何超验的东西，其次是认为哲学与科学是个连续系统，甚至应该是无缝隙的整体。在讨论和回答形而上学问题时，自然主义将已有的自然科学理论成果作为前提，批判地承认科学所承诺的，认为世界中存在的事物最好能够诉诸物质原理来解释，这些原理包括物质、能量及其他为科学共同体所承认的物理、化学等性质及其规律。自然科学中研究并承诺存在的，就是世界中的实在，否则就没有实在性。传统的形而上学是独立且高高在上的，致力于在方法论上为科学提供指导，在本体论上为科学提供基础；自然主义的形而上学则是反过来的，认为应该让科学来指导和约束形而上学的探究。自然主义者普遍相信因果闭合论题，即任何具有物理

① 程炼．作为元哲学的自然主义［J］．科学文化评论，2012，9（1）：37.

效果的状态本身也必须是物理的。传统哲学局限于心灵和物质的二分，身心如何交互成了近代哲学的基本难题，包括弗雷格也强调要区分主观的心理世界与客观的物理世界，而自然主义认为如果精神的或心灵的原因能够引起物质性变化的话，那么它们本身也就必须是物质性的。如果精神或心灵并不是物质性的，也即不具有时空中的任何地位，那么就不可能对时空中的物质世界产生任何因果效力。所以对于自然主义者来说，为了解决数学对象等抽象事物的存在而设定的柏拉图式世界，以及为了解决人的理性能力而对笛卡儿式心灵的执著，都是没有根基的坚持。

自然主义的本体论立场有强弱之别，强的立场又称为物理主义或物质主义，当前多数自然主义者倾向于赞同这种立场。他们认为理想物理科学能够解释的，或者用这类科学中最好的标准的观察程序观察到的，这些东西都存在；理想物理科学认为不可能的则就是不存在的东西，所有的关系或属性最终都可以还原为物理关系或属性。比如，我们能够承认的心智属性应该可以还原为大脑中的神经元网络结构这样的物理属性，相应地，思想语言（或心语）与外部事物的表征关系也应该可以还原为大脑神经系统与外部世界的物理层面的相互作用关系。这种强的自然主义希望所有自然科学包括哲学能够统一于物理学，以物理学为一切事物的存在性做出最后判决。

另外一些自然主义者则认为，虽然物理学是一切科学的典范，也是回应本体论问题的最佳选择，但是对于一切属性是否都可以还原为物理属性并不乐观，他们在形而上学问题上持有更宽松、更开放的自然主义立场。他们认为，理想自然科学并非只有物理科学，能够解释的东西是存在的，用科学中最好的标准的观察程序观察到的东西也是存在的；理想自然科学认为最好的标准的观察程序都无法观察的，就是不存在的。他们并不完全否定统一科学的可能性，但也不认为这样的统一必然能够实现。比如查尔莫斯的自然主义二元论就是一种弱版本的自然主义，他认为世界只存在着物理学所承认的物质，但有物质性属性和意识性属性这两种属性，后者不能还原为前者，也不能由前者完全解释。之所以说他是自然主义的，是因为他认为心理状态由物理系统引起；说他是二元论的，是因为他认为本体论上来讲心理状态与物理系统不同，且不能还原为物理系统。

　　自然主义在认识论方面也表现出不同的形式，既有比较激进的立场，比如有科学化的自然主义与经验论的自然主义；也有比较温和的立场，比如进化论的自然主义。虽然存在争论，但当前哲学家大多承认应该对传统的具有规范性特点的认识论进行自然化的改造。自然主义在认识论上推崇自然科学的研究方法，也即科学共同体普遍接受的方法，认为科学方法是认识事物的最可靠方法，而所谓的科学方法也是人类认知能力进化的自然结果，可以列入经验心理学的范畴。科学方法即使有规范性，这种规范性也是由自然进化选择而来，而非某种先验方法、先验论证。虽然难以在科学方法和非科学方法之间划出明确界限，但是自然科学、社会科学研究领域内普遍使用的研究方法若是科学的，则那些诉诸神启、传统及权威的方法显然就是非科学的。当前哲学研究中常用的诉诸语义直觉的论证是不是科学方法呢？如果这种直觉能够得到当前最好心理科学的解释，那么它就是科学的认知方法；如果认为这种直觉是无法解释认知主体的神秘能力，那就不是自然主义所承认的认识论了。自然主义在认识论上基本倾向于认同进化认识论，即认为人类的认知能力是自然选择的结果，能最恰当地描写这个世界的知觉和思维模式被自然选择，因而自然范畴与心理范畴即使不是全部也是部分同构的；生命认知的基本方法是试错，是机会主义的，因而认知总不完备；认知是目标取向和成功取向的，以使生命体适应环境；理性也是基于生物学结构和功能的。这种认识论被认为是认识论中的真正的"哥白尼革命"——从哲学认识论转向认知科学。

　　自然主义的认识论要求用自然原因而不是超自然原因来解释这个世界。不管是科学研究还是哲学研究，在解释世界时，自然主义既不假设超自然事物的存在或不存在，也不会认同神创论或智慧设计论的假设。自然主义认为哲学和科学从根本上来说从事着同样的事业，有着相似的目标和相似的研究方法，它们都致力于构建关于世界的综合性知识，特别是关于律则和因果机制的知识，"将会在科学自身之内，而不是某种先验哲学之内得以识别和描述"①。哲学与科学的目标和方法的差别是表面的，不存在本质差异，不过它们关注世界的视角不同，比如自然科学家会研究病毒、电子或恒星等。社会科学家会研究人的需求层次、行为特点等；而哲学家则要追问时空的连续性问题、共相的存在问题、同一性标准问题以及心灵的本质等。

总而言之，自然主义的形而上学讨论一般包括认识论方面和本体论方面。其本体论上的基本信条是：反对任何超自然的存在，世界中存在的东西来源于存在于时空中的物理性的东西；其他非物理属性由物理属性衍生出来，或者随附于物理属性，不存在因果封闭性以外的事物。其认识论上的基本信条是：反对先验的知识来源，反对智慧设计论或神创论，反对脱离于大脑的理性；认为知识的获取是个自然过程，包括哲学知识的获取，认知能力和理性能力是自然进化的结果，是目的论导向的；传统认识论中抽象的心灵原则上可以还原为大脑神经元的结构、属性、活动过程或功能，而且是自然选择的产物。

二、选择自然主义的理由

自然主义之所以被当前大多数英美哲学家所接受，其缘由不尽相同，不过简略来说，自然主义的本体论立场和方法论立场有以下所述方面的优势。

第一，自然主义在方法论上比较可靠。自然主义所推崇的科学方法在自然科学和社会科学领域已经取得了丰硕成果，这为人类谋得了巨大福利，彰显了科学方法的可靠性。科学方法本身也得到了科学的研究，而不是没有经验根基的纯粹思辨。自然主义要求对科学和哲学提供自洽的说明，并要求这种说明也说明自身。科学方法本身也不是凭空出现的，而是千百年来人类智慧的结晶，可以说是从与其他方法论竞争的过

① Quine W V. Theories and Things [M]. Cambridge, MA: Harvard University Press, 1981: 21.

程中优胜出来的。自然主义方法论不仅对其他认识论立场，还对自身，都持有批判的态度。它承认自身的理论框架并非是终极真理，而是一个可错的理论不迷信权威，不固步自封；认为认识论本身也是随着人类知识的进展而不断修正的，比如对规范性概念的批判性接受。自然主义认识论保持适当的理性，认为理性本身也是自然进化的产物，不会迷信超自然的理性原则和理性标准。自然主义认识论有着谦虚且积极的态度，批判地关注并积极致力于解决各种哲学问题，比如心的本质、各种规范性、抽象对象等，并不是仅仅否定或无视这些传统哲学问题。

第二，自然主义的本体论既节制又开放。逻辑经验主义反对形而上学研究，认为要通过语言分析消解掉它，是因为那种形而上学与现实的科学研究严重脱节，其中的教条甚至阻碍了科学研究的发展；而自然主义的本体论积极与科学研究对接，使得哲学研究不会落入与现实完全脱节的空谈。自然主义一般是现实主义的，不会固守一些抽象的理念，因而乐意使思维的成果得到现实的检验。自然主义在本体论上具有丰富的成果，这源于其乐于考察和接受其他科学成果，研究视角也因此得到拓宽。虽然既有的科学理论并非终极真理，它是可错的并且在不断发展的，相信现代科学的成果可以说是最理性的态度。在本体论的论证负担上，持自然主义立场的哲学家，比起一个持有柏拉图立场的哲学家，论证负担要轻很多，比如不用论证抽象实在如何存在，以及人如何穿透因果闭合与其发生联系。当前英美哲学界的自然主义源于对现代分析哲学传统的反叛，并继承了美国的实用主义传统；实用主义传统的一大特点就是对生活世界的关注，也因此自然主义倾向的哲学家赞同哲学并非纯粹的理论学科或专业，而是一种人生态度或生活方式；自然主义提倡从纯粹的先验分析和思辨回到生活、回归实践。自然主义有着更健全的实在感，既不是要深挖地基为知识大厦提供万无一失的保证，也不是要建构空中楼阁使得现实世界只能仰望之，而是与其他科学研究一道，增进人类对自身和所处世界的理解。自然主义与其他哲学倾向相比更加推崇科学的理论和方法，但并非与心灵、价值、道德等传统哲学的重要议题无关；恰恰相反，自然主义为这些问题的研究提供了更丰富更细致的描述，比如它热衷于追问道德观念的来源与基础，对各种规范性论题不仅追问其社会心理基础，更追问其生物学基础，等等。

对自然主义的疑虑是来自各方面的，有宗教情结或者人类中心主义情结的会认为自然主义抛弃了传统哲学研究的神圣问题，如神性、绝对精神、绝对理性、先验道德律等，认为自然主义放弃了对终极超验真理的追求；向来对形而上学研究不屑的则会认为自然主义的本体论研究僭越了哲学所能做的，哲学不应涉足科学的领地，应满足于对概念的分析和批判，甚至认为哲学的任务就是消解哲学问题本身，而不应建构任何肯定性论题。前一种看法与人类知识脱节，是不可取的，何况我们都知道传统的大哲学家不但都是在其所处时代的所有知识的基础上进行哲学思考的，并且还常常是他所在时代的知识上的杰出代表。后一种看法注意到了这样一种历史事实，即西方科学最初都是从哲学领域分离出来的，并且一旦从哲学母体分离成为专门学科就会走上康庄大道。今天的科学就是以前的哲学中成功的部分，而以前的其他那些哲学体系则是被科学淘汰了的东西。然而，恰恰因为哲学曾是各种科学的母体，说明哲学讨论不但应该保留，而且应该密切关注现代科学的进展和成果。就本书的核心议题，弗雷格式涵义本体论和认识论上的神秘性来讲，也恰恰需要通过自然主义视角的探讨来消解其神秘性，这主要涉及如何从自然主义角度来理解涵义的规范性及其抽象存在。

第二节　语言符号作为自然的存在

一、自然存在的语言符号

要研究语言所表达的涵义的本质以及人们如何理解涵义的本质，先要讨论一个问题，即语言符号是什么？因为离开语言，我们似乎谈不上涵义的问题，根据弗雷格的界定，涵义必然是语言表达式所表达的。对于语言，普遍为人们接受的看法是，语言是人类文化的产物，是一项文化创造，是一种人们用来交流思想的工具或媒介，而用语言来交流或表达思想是人们习得的一项本领。语言又是一种符号系统，关于语言符号本身的讨论是符号学的一部分，对此最有代表性的研究当属索绪尔和皮尔士的符号学，此外被广泛讨论的还有卡西尔的文化符号论及巴赫金的符号学等。符号学本身已经成为蔚为壮观、纷繁复杂的学科，甚至成为一种所谓的符号学运动。虽然甚至很难给符号下一个严格定义，但一般会同意，语言符号本身是能够被人类感官感知的自然存在物，或者说符号被认为是携带意义的感知。

索绪尔作为现代符号学的开山鼻祖，他很注重研究语言符号本身。语言符号有时是与文字区分开来的，前者仅仅指语言的声音模式，而后者指相应的图像模式。如果不做这个语言学上的区分的话，语言符号就是以声音或图形的形式倚赖某种物质性媒介的存在，比如将"人"看做是语言之外的人类个体的符号。然而，"人"之所以是人的符号并不仅仅是因为它是不同于人类个体的可感知的物质性存在，还因为这个词语后面有关于人的概念。索绪尔强调了这一点，指出我们不应该将符号的物质部分看成是符号的全部。他提出语言符号由两部分组成，即能指和所指，这两者的结合就是符号本身，也就是概念与声音模式的结合。能指是声音的心理印迹或音响形象，而声音模式就是指物质性成分或由它造成的心理印象，或者说是意义的载体；所指是所谓隐藏在符号背后的概念。这可以看做是语言符号的二元论，其中语言符号首先是以某种自然形态（自然科学研究的语音、形象、心理状态等）存在着的。

皮尔士的符号学也引起了广泛讨论，他认为应该从三个方面来考察符号，一是从符号载体的属性进行考察，二是从符号与所指对象的关系进行考察，三是从符号与解释项的关系进行考察。[1] 因此，语言符号的存在肯定是有其载体的，即语音或文字，这有时被称为语言符号的物质外壳，从而使得语言表达的意义能够通过视觉、声音或者触觉等方式来传递。另外，根据皮尔士的进化宇宙论，符号本身也具有生长习惯的特性，将进化论的视角纳入符号学研究，而这一视角尚未被传统符号学家

---

[1] 参见卢德平. 皮尔士符号学说再评价 [J]. 北方论丛, 2002 (4)：99-105.

所注意①，因为他们将符号种类限制为具有代码性和任意性的记号。

注意到语言符号的生物学特性，对此，米利肯等提出了语言的生物学模型。语言的约定规范性表现在语言采取某些形式而没有采取其他形式，一般认为这是语言共同体在历史发展中关于语言符号的约定。语言的生物学模型则认为，某些语言形式留存下来是因为在各种情况中，这类产生和回应的类型对说者和听者都有益，因此类型中的规则或约定不断被听说双方重复。这使得对话形式能够延续所需要复制的不是某种特殊类型的概念角色，而仅仅是与听者回应的基本构成相契合的满足性条件。而"语力"这个概念指的也不是加在内容上的某种东西，而是使得内容产生的某种本质性力量；理解语言的过程就是通过包含在有结构的可视光线中的自然符号，对世界的直接把握。而从生物进化论的角度而言，语言被认为是自然进化出来的人类本能，如同鸟类筑巢、鼠类打洞，并且语言能力与其他习得的能力，比如制造工具的能力，似乎存在着根本的不同。因而，如同我们说鸟类筑巢是自然的一样，语言也在这种意义上被认为是自然的。也即是说，语言符号是世界中的物质性的自然存在，人们具有语言的本能，因而对语言符号的使用也是自然的过程。

二、语言的规范性与其自然性

虽然人们一般承认语言不能脱离自然存在的介质而存在，比如很难想象不能通过视觉、听觉、触觉等感觉感知的语言符号如何能够扮演语言传达信息的作用；但是，人们一般又认为语言本身是规范性的，语言具有约定性的本质。语言的规范性主要体现在这样几个方面：第一，语言是人按照约定的规则创造出来的。关于这种看法圣经中有个著名故事，即巴别塔的故事：人类曾经使用的是同一种语言（即依照同样的

① Winfried Nöth. The Criterion of Habit in Peirce's Definitions of the Symbol [J]. Transactions of the Charles S. Peirce Society: A Quarterly Journal in American Philosophy, 2010, 46（1）: 82-93.

规则创制的语言工具），因此他们能够同心协力建造一座直逼天堂的高塔。这让上帝感到很不安，所以上帝想办法弄乱了人类的语言，由于语言不通，人们开始争吵，巴别塔再也建造不起来了。我们使用语言需要遵从语法规则，如果不遵从相应语法规则就可能说出毫无意义的语言符号串，也就是说语言的使用存在着严格的正确与否的规定性。第二，语言与其所表示的对象的对应关系具有约定性或规范性。比如用"狗"指称狗而非猫，似乎并不具有必然性，而是随意、偶然的约定，即出于人们的共同约定才用"狗"指称狗。语言的约定性在人类历史文化实践过程中产生，语言出于一种群体约定性，似乎没有脱离特定社会环境而存在的语言。比如鲁滨逊生活在那个孤岛，他独自生活，能够娱乐，能够制作工具并解决生活上的各种生理需求，但他似乎并不需要语言，即使他自己发明了一套语言也似乎只能首先是一种私人语言，除非空降到岛上的另一个人与他经过一番重新约定，否则他那套自言自语的发声无法直接拿来与人交流。不同种族的语言千差万别，似乎不存在什么共同的本质，这也说明语言在不同的文化发展历史中是由不同族群的人分别发明出来的，因而具有族群的独特规范性。影响甚广的萨皮儿-沃尔夫假说（sapir-whorf hypothesis）认为，人们的思想是由语言提供的各种范畴所决定的，即语言塑造了语言使用者的世界观。因此语言的规范性是高高在上于事实本身的，语言规范了应该如何分割现实世界；该假说的温和版本被称为语言相对论，认为不同的语言导致了不同的思维。也即语言塑造了或者规范了我们的思维。有些人从语言的规范性推导出思想的规范性，比如思想推理需要遵从逻辑规则似乎就表明了这一点。

　　语言是人类文化的产物这种定论产生了语言的规范性论题，比如现代语言学的奠基者索绪尔就认为，语言是人类语言能力的社会化产物，是被社会使用和容许人运用其语言能力的必然习惯的总和。虽然语言具有规范性已经成为当前大多数语言学家以及语言哲学家所持有的假设，但是语言为何具有规范性却不清楚；再者，语言规则繁杂琐碎，人类儿童如何快速有效地学习它也成为疑问；此外，语言规范性的边界似乎也不清楚，这一点特别表现在"官方"认定的语法与方言的极大不一致上，但这并不妨碍方言的有效性等。这种种问题都对语言的规范性定论提出了挑战。

前面已经从语言符号的存在形式讨论了语言是一种自然存在，这里则着重讨论自然主义对语言规范性论题的反驳。从语言的起源来看，语言源自人的本能，并非社会文化的约定，甚至可以说，"人类懂得如何说话，如同蜘蛛懂得如何结网"①。这就是语言的本能论立场，认为语言能力的获得与一般的学习模式是不同的，也即是说学习语言不同于学习烹饪或者计算机程序。任何正常人都可以自如地运用语言并进行推理，而且并不需要了解任何逻辑学知识或原理，并且每个人运用语言的水平似乎并没有质的差别。比如演说家的语言能力似乎远远高于普通人，但普通人也许在亲友面前也是能夸夸其谈的，这与其他信息处理或者技能操作显然有别。最早将语言认定为一种本能的是达尔文，他认为人类有一种说话的本能倾向，如同吃、喝等本能，比如幼儿不自觉地咿呀学语就体现了这一点。语言与其他技艺不同，比如酿酒或烤面包那样的技艺，因为没有幼儿会有酿酒或烤面包的本能倾向。语言可以说是人类在自然进化的过程中产生的最突出特征，如同蝙蝠在进化过程中产生声呐系统那样独具特色。而大脑正是语言产生的生物学基础，虽然到目前为止，还没有找到语言器官或语法基因，但心理学家已经明确有几类神经、遗传上的缺陷会对人的语言能力产生根本性影响，但同时却又不会危害其他认知能力，比如"布洛卡氏失语症"。平克则直言："将语言作为进化适应的结果有助于我们对语言的认识，语言就像眼睛一样，其主要构造是为了实现重要的功能。"②

对于人类复杂繁琐的语法规则，儿童是如何快速掌握并能够创造出从未听过的语句的，一直是语言规范性论题的一大难题。而乔姆斯基的生成语法理论创造性地解决了这一难题，他及后继语言学家揭示了人们

---

① ［美］史蒂芬·平克. 语言本能［M］. 欧阳明亮，译. 汕头：汕头大学出版社，2004：6.

② ［美］史蒂芬·平克. 语言本能［M］. 欧阳明亮，译. 汕头：汕头大学出版社，2004：11.

在运用某种具体语言时所隐含的心理语法，以及隐藏在这些具体语法下的普遍语法。心理语法是指大脑拥有的一套指令或者程序，根据它可以用有限的词语制造出无限的句子。这种语法根本不同于教学语法或文体语法，后者不过是用来遣词造句的。普遍语法则是指人类天生具有的语言机制或者语言本能，它符合世界上所有语言的语法原则。这种本能存在于人的大脑中，因此对儿童无须刻意训练和教导，就可以使其依据这种先天机制悟出父母言语中的句法模式，并准确合理地理解他们从未见过的陌生句式。也就是说，语言能力是我们与生俱来的一种生物属性，它并非源于社会环境的培养。

　　如果说语言是文化的产物，似乎文明程度越高语言就会越发达，如果说语言是后天习得的，那么受教育程度越高，似乎言语能力越强。但现实却并非如此。比如早些年，西方人类学家发现那些生活处在原始时代的种族，在语言的复杂与精巧方面并不输于已经经历过两次产业革命的西方社会，这些田野研究表明语言超越了这些文明程度上的关联。而在美国社会有一个共识，即受教育程度偏低的黑人英语口语甚至更高明，他们高度强调语言的表达技巧，这说明语言能力与受教育程度并非本质相关。甚至有这样的调查研究，"就合乎语法的比例而言，劳工阶层要高于中产阶级，而'不合语法'的最高比例则出现在专家学者们的学术会议上"①。因此，语言能力与文化以及教育并非直接相关，而更是一项源自人类的独特本能。

　　另外，人们经常讨论的语言规范性，是指它在语义特别是语法方面的规范性。据说只有按照人们约定的语法规则组织语言，才能够称得上是正确地说话，话语才能够有意义。比如在标准汉语中说"不知道"是正确的表达，说"知不道"就是错误的表达。然而，这种否定词的位置以及词形变化形式不过是"普通话"（即官方方言）与地方方言之间的细微差别罢了；不过，因为语言的规范性要求，这些差别已经被上

---

　　①　［美］史蒂芬·平克. 语言本能［M］. 欧阳明亮，译. 汕头：汕头大学出版社，2004：21.

升到正确与否以及是否符合语法的高度。严格区分"普通话"与方言或许是有误导性的,仿佛方言在语法上具有缺陷,然而,"不知道"与"知不道"的差别其实与语法的精密程度毫不相干。逻辑学家总是认为日常语言混乱、不精确,因此要对日常语言进行改造,使其更加理想和规范,比如弗雷格就是这种逻辑学家的代表,他提出了理想语言一说。批评一个人说的话不合语法或者违反规则时,这里的所谓"合语法"或"合规则"是有特别含义的,即指的是人们在学校里学会的规定性规则,它规定人们应该如何说话,但这里存在着悖论,似乎说话者不懂得自己所说的语言似的。事实并非如此,因此这里存在着所谓的规定性规则与描述性规则的区别,前者规定人应该如何说话,后者则描述人如何说话。元语言学家以及心理学家这样的科学家更注重语言的描述性规则,就像动物学家不会指责山雀搭的巢不伦不类一样,心理学家也不会指责三岁孩童的话语不符合语法规则。正常的儿童自然而然地就会说话,而规定性规则必须经过学校的灌输才能被学生掌握,这说明规定性规则并非语言的自然机制。而描述性规则是研究人类语言的自然机制的,它并不会出现在学校的语法教材中,但却是规定性规则的基础。人们说的话可能既符合语法又不符合语法,说符合语法是就描述性规则而言的,说不符合语法则是就规定性规则而言的。这之间并没有什么矛盾,就如同说一个飙车的出租车司机虽然遵守了物理定律(他不可能不遵守)但却违反了交通法一样,而物理定律当然是自然的而非规范或约定的。

另外,关于语言的独特规范性的说法源自"萨皮儿-沃尔夫假说",支持这种假说的证据有:不同的语言对颜色有着不同的分类,霍皮人的时间观念与我们截然不同,等等。不过,后来人们的详细研究已经发现沃尔夫是故弄玄虚,夸大了事实,比如无论语言的影响力有多大,它也无法触及视网膜的结构或改变神经节细胞的连接方式,而这对人类关于颜色的词语的发展形成了普遍制约;再比如霍皮人并不缺乏时间概念,其语言中也有时态、时间单位等,也有精密的计时系统与其生活生产息息相关。与此类似，沃尔夫给出的其他事例也已经遭到严谨的研究者的一一驳斥。温和版的"萨皮儿-沃尔夫假说"有一定道理，比如语言可能会影响人们的记忆或概念，但语言对思想的影响远远不是根本性的，也根本谈不上能够塑造人们的世界观。我们也常会发现心中所想与口中所言不能合拍，也即常说的词不达意；有时对别人话语的复述，我们总记不得原话，却能记得大意；小孩子学习语言的惊人能力；说着各种千差万别的语言的不同种族之间并不需要通过极大努力就可交流；许多不说话的动物也很会思考，甚至会计算……这种种事实都说明，语言并不是思维的唯一方式，语言不过是大脑中进行思维的内在机制（即心语）的一种外化。

许多实验已经证明了非语言的思维方式，认知科学更是已经给出了有关思维机制的相当精确的说明。20 世纪上半叶以前，哲学家还普遍认为将思想物化为脑中事实这一做法存在着逻辑错误，比如弗雷格出于这种担忧就将思想安放在了"第三域"。传统哲学家反对将思想物化为脑神经功能的一个著名论证是这样的，如果思想被物化，那么我们的大脑中就必须住着一个"小人"，由它来解读这些神经元结构所代表的思想，为了做到这一点，这个"小人"的脑袋里就必须有一个更小的"小人"，如此无穷倒退。不过，自从图灵机诞生以来，这个论证就站不住脚了。可以进行逻辑推理的图灵机，依靠的不是小人或其他超自然的运作，而是一套内置的符号表征系统；图灵机显得很有智慧，是因为扫描、移动和打印方式与逻辑命题"如果 x 是 y，且所有 y 是 z，那么 x 是 z"形成了准确的对应关系。图灵机的工作原理可以说就是心语的一种，这也是认知科学的出发点，它基于一种心智计算理论或者说心智表征理论，即：客观事物的组成部分和排列方式与大脑中的某组观念或事实形成一一对应的关系。并且，思想具有物理载体的多重可实现性，语言并不是思想的幕后操纵者。非凡的语言能力虽然似乎为人类物种所独有，但是并不意味着我们可以将语言的研究从生物学领域中分离出来。

第三节　语言意义的自然化

对于弗雷格而言，涵义是柏拉图式的抽象实在，这种抽象实在的本体论立场可否进行自然化，就成为将涵义概念自然化首先要回应的问题。已经有不少本体论自然主义者对抽象对象的自然化做了许多相关工作，他们或者将抽象实在还原为自然的事物，也即受尊重的自然科学所描述的事物；或者论证得到合理阐释的抽象实在与自然主义并没有原本所认为的那样势不两立。弗雷格式涵义是指称的呈现方式，并以某种方式决定指称，涵义与其他语义概念（真、指称等）密切相关。因此，各种既有的语义自然化的方案也成为对弗雷格式涵义自然化的理论基础。语义自然化的本质是对语义的规范性进行自然化，通过物理学、生物学或者心理学等自然科学的概念来阐释语义的规范性，而这其中核心议题就是指称的自然化。语言符号指称其所指，并表达其涵义，因此，可以将指称与涵义视为语言事实的两个紧密相关的功能或属性。语言本身是大脑的功能，是人类的自然属性，因而，指称与涵义也应该是语言的自然属性或功能，而非某种自成一类的超自然属性或存在。关于指称的自然化讨论已经有很多，比如对指称概念持一种缩减论的消除主义，或者根据指称概念与意向性概念的本质联系，通过对意向规范性的自然化对指称概念间接地自然化；或者借助自然的因果关系直接对指称概念进行自然化。

一、抽象实在的自然化方案

自然主义认为世界中的自然存在受限于因果闭合原则，而抽象实在并不存在于时空中，因而不受物理因果关系作用。那么抽象实在如何能够为人所把握，就成了柏拉图主义的最大困难，因为即使柏拉图主义是真的，受困于因果闭合的我们也无法知道这一点。于是，有人将柏拉图主义进行自然化，比如蒯因式的有限制的柏拉图主义，又称为自然主义认识论立场下的本体论承诺。对科学理论和科学定律进行哲学解释时，

147

需要预设抽象对象的存在。比如数学对象，为了满足这种解释上的要求可以将属性或者集合（或者这两者）界定为因果序列。这种抽象对象虽然不与经验刺激直接相关，但是也是通过信念之网与经验刺激间接的相关，因而都处在因果作用的序列之中。相关的哲学论述也因此而建立在因果关系的基础上，于是关于抽象对象的知识就可以和自然主义相容。这被称为自然化的柏拉图主义立场。

上述对柏拉图主义的自然化基于这样一种观点，即认为抽象对象具有类似于物质存在的若干特征，可以在物理对象或个体的模型上理解抽象对象，比如通过五颗螺钉这样的物理对象来理解数字"5"，也即个例是初始的，抽象存在是基于个例的，这被称为零碎的柏拉图主义（piecemeal platonism）。① 不过，有人不同意这种对抽象实在的看法，因为对柏拉图主义立场的理解也可以是这样的，即可以将编码（一种谓述模型）而非个例（传统的谓述的个例模型，比如一个红苹果是谓述"红"的一个个例模型）看做是初始的，从而就产生了柏拉图化的自然主义，这种立场不但仍然与自然主义相容，而且这种关于抽象对象的本体论态度在康德、弗雷格以及罗素那里都有体现，可以直接佐证弗雷格关于逻辑和数学实在性的观点。

上述两个方案都是试图通过对抽象实在进行阐释，以使其与自然主义相容。更常见的对抽象实在的自然化方案，则是将其进行还原，也即将抽象存在还原为具体存在。比如，叶峰的物理主义方案就非常典型②，他将数学抽象对象还原为世界（包括大脑）中的物理状态。物理主义是一种强版本的自然主义，又分为还原论的物理主义和不可还原的物理主义。它们都认为，人类的认知主体是作为物理系统的人类大脑，认知过程最终是物理过程，一个具体的精神过程个例是一个物理过程。戴维森的异态一元论是典型的非还原物理主义，认为存在着将精神

---

① Linsky B, Zalta E N. Naturalized Platonism versus Platonizednaturalism［J］. The Journal of Philosophy, 1995, 92（10）：525-555.

② Feng Ye. Naturalism and Abstract Entities［J］. International Studies in the Philosophy of Science, 2010, 24（2）：129-146.

的和物理的等同起来的法则。还原的物理主义则认为除了物理状态，别无其他。比如，一个人在做数学思考，另一个人对此人进行细致系统地观察，观察者除了能感知数学思考者的大脑物理状态及其他相关物理状态，不能感知到什么抽象数学对象在思考者的大脑中运行。对于数学知识独立于科学实践，物理主义者解释为，独立性仅仅意味着一些类型的神经活动间区别，严格来说，做纯粹数学研究的神经活动独立于做科学研究的神经活动。物理主义将人类数学实践看做是大脑活动，虽然数学句子作为物理事物（大脑活动的物理状态）与环境中的物理事物的作用不是直接的，但它们在人的大脑中的认知活动中扮演着类似的推论角色。对于物理主义，数学的适用性不过是一系列自然现象中的自然规则，也就是大脑与将数学应用到其中的其他物理事物之间的相互作用现象。

与这种将抽象事物还原为物理事物不同，有人认为对抽象对象的自然主义还原是不成功的，只能用随附性概念对抽象事物进行自然主义的阐释，也即包含语义概念的语言中的真理随附于并不包含语义概念的语言中的真理，其中，包含了指称抽象实在的表达式的语言中的真理，随附于它的具体成分。而对于随附性，基本界定是这样的：x 随附于 y，当且仅当，y 决定 x，且 x 仅仅依赖于 y，且 x 的构成是 y 的构成的函数，且 y 事实决定 x 事实。简单来说，就是一个领域随附于另一个领域，当且仅当，后一个决定前一个，前一个组成是后一个组成的函数。随附这个概念能够刻画我们关于依赖和决定的概念上的直觉，从而使得真能够被非语义的决定，抽象的能够被具体的决定。作为抽象存在的思想领域随附于大脑这样的物质领域，即是说，大脑的物理状态决定了思想状态，思想状态仅仅依赖于大脑状态，且思想的构成是大脑构成的函数，大脑事实决定了思想事实。

二、语义的自然化方案

对语义自然化常见的途径包括：语义还原和语义的取消或缩减。所谓语义还原是将语义概念（指称、真、意义等）还原为非语义概念，将所谓的语义事实还原或重构，令其等同于一个受尊重的自然科学推设。还原包括认识论的还原和本体论的还原。认识论还原在科学研究中很常见，即科学试图根据更小的实在来对各种现象提供解释，或者说将高层次的还原为低层次的，比如对沸点进行解释的话，还原论认为原子层次的解释比分子层次的解释更可接受，而基于更小粒子（比如夸克、轻子等）的解释则会更好。本体论的还原则有个例还原论和类型还原论之分，前者认为每个存在的事物就是这个事物的全部，每个可感知的事物都是具有更低复杂性的事物的总和，这种立场接受将生物还原为化学事物；后者认为每种类型的事物是类型事物的总和，每种可感知的事物类型就是具有更低复杂性的类型事物的总和，这种立场反对将生物还原为化学事物。语义取消则是将语义事实或实在当做一个前科学的迷信而清除掉，蒯因认为，"阐释就是消除，而反过来消除往往可以被赋予更温和形式的阐释"①。比如指称与真的缩减论或冗余论，这种立场认为如下的去括号公式已经总结了关于指称与真能说出的所有，这个公式可表述为："N"指称 N（如果它确实指称的话），以及"P"是真的当且仅当 P。

对语义的自然化还包括对与意义概念密切相关的意向性概念及规范性概念的自然化解释。前面已反复论述过意义的规范性本质，然而传统上规范性是个超验范畴，处理的是"应该"问题。典型的规范性问题是认识论问题和伦理学问题，前者希望给出人应该如何认识世界或获取知识的途径或标准，后者则提出人的道德行为标准。蒯因的自然主义认识论首先挑战了认知具有规范性这样一种共识，而当前自然化伦理学也已经被热议，前文则已论述过对语言规范性的自然主义挑战。将规范性自然化就是将传统所谓的规范性问题处理为事实上存在的事物的问题，比如将语义规范性解释为某种语言现象的合自然规律的存在。自然主义虽与规范性不相容，但并不是要完全取消规范性，而是要承认规范性也

---

①　[美] 蒯因. 语词和对象 [M]. 陈启伟，等，译. 北京：中国人民大学出版社，2005：300.

是可错的，并且对于一种理论来说，它的规范作用与描述作用之间总是存在一种对称性，如果理论在描述上更为合适它就更具规范力；反之，描述上愈不恰当就会导致其规范力更削弱。

心灵哲学则从概念内容具有规范性这个问题出发，讨论规范性对精神的制约，然而这如何与自然主义世界观适应成了难题。就此，自然主义者皮考克提出了许多建议，他建议将规范属性与概念内容的限制性两个不同的集合等同起来，限制性在指称层面上起作用，概念作为命题态度内容的一部分，通过它们在命题态度内容中的角色得以例示。命题态度内容具有真假，这些规范性质与我们在形成信念时求真避假的明显限制有关，而这种明显限制来源于环境制约。也就是说，要解释拥有或知道一个概念是什么，必然包含着对适用这个概念的环境的某种刻画。拥有一个概念在某种程度上意味着：能够识别某种特定环境，就是对包含那个概念的内容采取特定态度（肯定或否定）的良好理由。

自从布伦塔诺（Franz Clements Brentano）提出意向性概念以来，发现意向性与意义问题密切相关，语言之所以能够表达意义、谈论事物，关键在于人使用语言谈论事物时朝向事物的意向。"意向"指的是一种"关涉"（Aboutness）关系，也就是一种心理状态与它的对象之间的关系。这种关系不可能是种物理关系，且与事物间的物理状态截然不同，比如心灵对事物的表征关系就是种意向关系。一般认为，物理事物不具有意向性，精神事物或意识则具有意向性。意向实在论者认为意向关系是实在的，但是在自然主义者看来，这种非物质性的实在关系是有疑问的，需要作出自然化的阐释。所谓的自然化，即是指以当前普遍得到科学共同体认可的自然科学为依托，如物理学、化学、生物学、心理学以及它们的交叉学科及衍生学科等，以这些学科所推设的概念为基础重新讨论哲学各领域中的问题。而根据所倚重的自然学科不同，对语义概念自然化的方案有物理主义的、认知心理学的（心理语义学）以及生物进化论的（目的论语义学）等。

弗雷格的数学柏拉图主义认为"5"这样的符号指称数学抽象对象，如何理解"指称"这个语义概念呢？物理主义认为，如果"指称"

是个在物理主义下有意义的术语的话，那么就是说某个语词个例（空气震动或墨水符号））与相应的物理对象之间具有某种特殊关系；而语词个例、大脑以及其他相关的物理事件的（历史）存在是这种特殊关系存在的必要条件。指称关系本质上即是物理状态之间的关系，这种关系与其他物理关系没有什么不同，比如说"'狗'指称狗"，所说的不过是"狗"这个语词个例（黑色线条）与狗这种物理对象之间具有的满足上述必要条件的特殊关系。指称与真的初始承载者（primary bearers）是自然世界中实际存在着的个例，包括由大脑神经元实现的概念、思想的个例，以及以声音、文字模式存在的语词和句子的个例。而一般所谓的抽象事物，比如公共的概念或思想、语词及句子的抽象类型或者说命题，则应被看做是一种出于实用目的的虚构，并非是实在的。叶峰的彻底的物理主义还原论认为："心灵中的所谓内在表征与它们所表示的外部事物之间的语义表示关系（包括指称关系），也只能通过大脑与其环境中实际存在的物质对象之间的物理联系来实现。"① 在物理主义者看来，任何语言事实最终都是物理的，像意义、真、指称之类的语义概念要能够被使用，当且仅当它们能够用非语言的事实来解释。

如果对意向和语义持有实在论立场，并且坚持自然主义世界观，那么就会不可避免地持有还原论主张；然而，在一个物理主义还原论者的世界观中，并没有意向范畴的地位，也就是意向不能被自然化。同情常识心理学的福多反对物理主义的还原论，他基于认知心理学的成果和功能主义立场，发展出一种心理语义学。如果语义和意向是事物的真实属性，那么肯定是因为可以将它们等同于（或者随附于）既非意向也非语义的某些属性；或者说如果关涉性是实在的，那么它也必然是某些其他东西，也即功能属性或事物。功能主义与笛卡儿式二元论、斯金纳式行为主义以及物理主义有着很大的不同，其基本论题是：心理状态由其功能角色或概念角色组成，而所谓概念角色基于一种意义的表征理论，

---

① 叶峰.克里普克模态性的一个自然主义解释 ［C］//中国逻辑学会现代逻辑专业委员会，燕山大学文法学院.2007 年全国现代逻辑学术研讨会，2007：2.

也即是说，表征的意义就是这个表征在认知活动中所扮演的角色。功能主义有许多版本，它与物理主义的关系也很复杂，甚至有人认为它是反自然主义的。但是根据自然主义的元论题，即不预设超自然的实在，不借助先验的研究方法，功能主义与自然主义并不相悖，并且在应对一些自然现象时具有很强的解释力。再者，鉴于心理语义学对当前心理学主流认知科学的倚重，有理由将心理语义学看做是一种自然化的语义学。心理语义学认为，要完整理解自然语言的意义不得不诉诸心理语言的意义，也即对语义学的讨论归约为关于心智状态的语义性质的讨论。所谓心理语言又称心语或思想语言，即认为心理语言本身是实际存在的东西，编码于大脑中，它不仅仅是有用的说明工具；它不能还原为大脑神经的物理状态，因为科学中存在着说明层次的等级区分。心理语言的语义则体现在其功能角色或者概念推论角色之中。

然而，若更加全面地考察语言意义本质，就会发现功能主义在解释信念以及其他命题态度的语义作用时存在着困难，而单单从物理因果上的考虑出发并不能解决这个困难，借助于语义解释的社会效用也不能解决这个困难。从生物学的角度来看，意向性和规范性都跟人类这种物种的生物特点密切相关。生命运动都是具有目的性的，并为了成功而调整行动规则，这正是意向性和规范性的本质。因此赞同生物进化论的自然主义者认为，语义表征的正确分析应该是种目的论的，应该根据心理状态的生物目的来解释语义。功能主义只关注认知机制的结构，而语义洞见还需要我们考虑认知机制构成部分的目的。由此，产生了自然主义的目的论语义学（也称生物语义学），这种自然化方案力图根据意义和其他意向性现象在种族生活中的功能来解释语义问题。

不可逾越的规范性背后所蕴含的是对纯粹理性的承认，理性是规范性概念的源泉，规范与事实的对立其实源于近代认识论中理性与事实的对立。认识论的一个核心困难就是，如果理性和事实是两个相互独立的因素，那么人如何获取知识呢？康德认为有两种方式可以解释经验与概念的一致，即：或者经验使概念得以可能，或者概念使经验得以可能。康德认为第一种解释行不通，因为范畴是纯粹的先验概念，是独立于经验的，他的解决方式就是所谓的认识论的"哥白尼革命"，即认为经验事实不是独立变量，它们依赖于概念。但是还有第三种可能，即理性是由事实塑造的非独立变量，理性对事实的依赖解释了理性与事实的一致，这正是有自然主义立场的皮尔士所采取的道路。① 理性因素和自然因素，这两个在传统哲学看来相互冲突的倾向，在皮尔士的进化宇宙论中结合起来了。皮尔士的形而上学是协调论的，他反对物理主义，认为应该阻止将心灵还原为物质系统的一个简单幻象。皮尔士的自然主义也体现在将哲学思考与科学探究连续起来，并且认为形而上学虽然是建设性的，但并非实证性的，不需要系统的或知识体系化的模式。皮尔士的本体论思想主要体现在他对第一性、第二性、第三性的区分上：第一性对应于偶然的或者质的可能性的未分化的连续体；第二性涉及可能性的现实化；第三性则呈现在未分化的连续体，通过分化和生长在偶然的变化中呈现自己。皮尔士运用达尔文进化论反对必然性机制，强调理性的自然性，以及进化论的目的论方面，根据目的朝向的努力和抗争来解释习惯的获得，而习惯对于皮尔士的意义理论来说是基础性的。皮尔士的符号学以及意义理论与当前语言哲学中的论题具有很大程度上的对应性，比如动态对象（dynamic object）与指称、直接对象（immediate object）与涵义、最终解释项（final interpretant）与概念内容等。皮尔士对对象进行区分，弗雷格对涵义与指称进行区分，两人在此有相似的洞见②；皮尔士对解释项的区分，则具有间接指称论者对符号具有不同意义层次的洞见。皮尔士对世界演进本质的看法颇具洞见，他的实用主义意义理论也是自然主义的。

　　帕皮诺、米利肯等则是当前目的论语义学的代表人物。传统意义理

---

① Tiercelin C. Peirce on norms, evolution and knowledge [J]. Transactions of the Charles S. Peirce Society：A Quarterly Journal in American Philosophy, 1997, 33（1）：35-58.

② Atkin A. Peirce's final account of signs and the philosophy of language [J]. Transactions of the Charles S. Peirce Society：A Quarterly Journal in American Philosophy, 2008, 44（1）：63-85.

论中理性主义一直占据统治地位，意义理性主义的特点就是认为意义的同一、差异、单义性及有意义性等语义特点都是先验的。目的论语义学认为理解语言意向性应该区分于说话者意向，理解思想意向性应该区分于理解意识，特殊的意向装置（如表征）应该区分于一般的意向装置，建议抛弃传统的意义和意识的理性主义立场。目的论语义学认为，公共约定性是语言的本质，公共语言意义有三个方面，即：稳定的专有功能、弗雷格式涵义和内涵。这种自然化语义理论的优势是，能够解释规范语义学难以解释的错误表征问题，这也是基于生物进化论来解释意义问题的优势。

情境语义学也可以视为语义自然化的一种新方案，类似于目的论语义学强调用生物目的来界定语义概念，情境语义学从对话目标来阐释语言的意义。传统认为，语言的基本功能是使说话者向听者揭示其中的命题性内容，交流之所以能够成功在于听说双方对话语的意义有共同的理解，也即语言引起了相同的心理表征。然而情境语义学论者认为心理表征的概念是无法检验的；而对话都是有目标的，这是语言现象的一个外显特征，达到对话目标的最好方式则依赖于对话发生的环境。对话的目标和环境决定了话语的情景，并且与说话者的态度无关。话语的基本规则就是根据情景中句子的可断定性条件形成，因而，对话目标和话语发生的环境共同决定了语言的意义。

不过，目的论语义学与基于表征理论的心理语义学也并非截然对立，这两种不同的语义理论其实有着紧密的联系，详述的人类目的及详述的人类意图其实就是被表征的目的。人们不仅表征其目的，还拥有他们所表征的目的。这意味着具有指示作用的事物或者说意向性符号（比如语言符号）与本身具有目的的自然符号是不同的。因此，与自然符号不同，语言符号能够错误地表征或者说是可错的。

第四节　涵义作为自然世界的一个构件

自从弗雷格区分了指称与涵义，在对逻辑系统进行语义解释时一般将指称视为语义值。在透明语境中，语义值就是直接指称；在不透明语境中，语义值则是间接指称（即弗雷格所说的涵义）。就指称本身而言，直接指称论者认为语言直接指称，然而却面临着难以克服的困难。弗雷格路线的间接指称论者认为涵义决定了指称，也即是说，语言所表达的涵义决定了其语义值，而在各种不透明语境中，语义值即为语言所表达的涵义本身。根据达米特的解读，涵义和指称两部分构成了弗雷格式的意义理论，然而弗雷格本人并不关注后来语言哲学家所谓的意义问题。

　　不过逻辑语义学与意义理论的界限又是模糊不清的，语言的意义理论是个广义的概念，可以囊括一切与语言的意义相关的论说，比如洛克的观念论、塞尔的言语行为论、维特根斯坦的使用论、格莱斯的会话意义论与真值条件论，以及查尔莫斯的认知式二维语义学，都可以看做是意义理论，且各具特色。这些理论既有从语用角度的考虑，也有从语义角度的考虑，也有综合性考虑；而只有其中的几种，比如真值条件论及二维语义学才可以看做是标准的逻辑语义学。一般认为，语义学只考虑语言表达式与其所代表的对象的关系方面，而不考虑说话者语用方面的因素。因而指称与真是语义学的核心概念，语言意义的意向性和规范性本质则不为逻辑语义学家关注。最为人称道的语义学就是所谓的形式语义学，它的迷人之处在于对语义赋值的系统地、形式化地刻画，因而显得直观而严谨。不过一旦追问语义值是什么，形式语义学就显露出其背后的哲学困难，于是各种哲学语义学或者称为元语义学出现，试图就语义值的本质是什么做出回答。由此，相关的讨论和理论就变得纷繁复杂。

　　直白来说，语义值就是对逻辑系统中的表达式所赋的值，或者是对逻辑系统的意义指派。这重新回到了意义是什么的原初疑问，它应该是物理对象、抽象实在、心理状态抑或是各种因素的综合体。这种原初疑问是各种语义理论的争论焦点，既包括直接指称论与间接指称论这种朴素的分歧，又包括形式语义学、心理语义学、目的论语义学以及情境语义学等蕴含着各种本体论或方法论预设的不同理论间的纷争。语义本体论方面的争端很复杂，包括自然主义与柏拉图主义的对立，及其各种变形，如自然主义中的还原论与非还原论，以及突现论、随附论及副现象论等。语义方法论上的争端也很多，诸如语义的局部论和整体论、形式论和证实论、缩减论和实在论、直接论和间接论、单因素论和双因素论、外在论和内在论（或宽内容与窄内容），以及思想实验以及语义直觉论证上的有效性等。① 具体来说，形式语义学严谨且可操作性强，但抛弃了关于真等语义值的形而上学考察，因而不能满足语言哲学家对意义的追问；心理语义学借助于认知科学的丰富成果，给出了意义与心理或大脑结构等方面关系的非常细致的描述，但是这种意义理论是静态的，无法描述语言及其意义的历时性特点；目的论语义学根据语言在种族生活中的功能界定其意义，情境语义学则根据对话双方的目标和语境来界定意义，这类语义学基于功用、目标、成功等效用性的概念，因而再次模糊了语义学和语用学的界限。

因此，关于语言意义的整体讨论必然是融合了语义学和语用学的双重考虑，两者的界限也并非截然分明，不过前者着重关注语言与它所讨论的对象的关系，后者着重关注语言和语言使用者的关系。弗雷格区分涵义与指称是个标准的元语义学问题，他认为涵义为语言所表达，并且能够解释相关的认知价值问题，因而，弗雷格式的涵义不但与语言本质相关，也与语言使用者（即人类）的认知机制本质相关。然而，由于当时心理学的发展所限，弗雷格对心理主义颇为担忧，这使得他将涵义与思想以及数学抽象对象一道放在了第三域。从弗雷格坦然接受第三域这一做法，可以明显看出弗雷格所犯的两个错误：一是将心理状态看做是私有的，而非自然存在的、可观察研究的东西；二是将思想（而非思维）看做是脱离语言符号的抽象实在，而非必须由语言或思想语言（心语）进行表征的东西。在当前自然科学看来，虽然感受质之类的意识现象的本质还难以界定，但心理状态并非是私有的，否则科学心理学就好无可能；而第三域这种神秘主义的超自然存在，以自然主义的视角

---

① Devitt M. The methodology of naturalistic semantics [J]. The Journal of Philosophy, 1994, 91 (10)：545-572.

来看，不管从本体论还是从认识论角度都缺乏接受它的理由。而当前各种自然主义哲学语义理论的提出，为我们继续坚持弗雷格路线提供了新的视野。我们支持弗雷格主义是由于他区分涵义问题与指称问题的深刻洞见，他的涵义理论遭受的最大质疑就是他的柏拉图主义本体论立场，而对柏拉图主义的自然化则帮助我们解决了这一困难。

一般认为柏拉图主义是弗雷格主义的应有之义，因此，自然主义立场必然是反弗雷格主义的，但是我们看到，柏拉图主义是弗雷格追求客观性的一种无奈选择（鉴于当时心理学科的发展现状），而关于涵义与指称的区分却是他在分析哲学和语言哲学上的一大创建。因此，在坚持这种区分的立场下，有理由说对弗雷格涵义理论的自然主义改造依然是坚持弗雷格主义的。从自然主义的角度来阐释弗雷格式涵义，必然考虑到语言、语言使用者、世界状况三个方面的因素，也即是说，涵义必定在语言符号、人与世界的相互关系中体现出来。这种关系的具体形式是怎样的，其本质又是怎样的？对涵义的自然主义解读就要遵从自然科学承认的结果来界定涵义，给出的界定要满足弗雷格提出涵义概念的初衷，即解释认知价值问题。此外，需要回应的重要问题还包括：从自然主义本体论角度来看，涵义是怎样的一种存在？如何看待涵义的规范性？对于弗雷格所谈论的"把握"涵义应如何理解？而从自然主义的视角看，当前的语义学有几个糟糕的特点，比如借助于直觉和思想实验，对语义任务的特设性解释的模糊，以及缺乏科学的方法。鉴于此，对涵义的自然主义界定就要更可靠地依赖于已有的自然科学成果。

一、涵义的分层自然化

按照物理主义还原论的看法，最终的存在都是物理状态的存在，因此，涵义若要存在必然也是以一种物理状态存在。从涵义为语言符号所表达、又能够为说话者把握、且是指称对象的决定者来讲，涵义必然与语言符号的某物理状态相关，且必然与大脑神经系统的某物理状态相关，还必然与指称对象的某物理状态相关。此外，在物理层面能够用来界定涵义的存在的别无其他，因而可以将涵义看做是语言符号-大脑-指称对象的某物理状态序列。那么，是否如唯名论（个例）物理主义还原论者所说，概念指的是个体大脑中的内在表征，而不是弗雷格意义上的、作为公共对象的、可被多人共同把握的、作为抽象实在的概念呢？这种说法是经不起推敲的。如果概念是个体大脑中的内在表征的话，首先，无法与同一个大脑中的其他概念区分开来；其次，也无法与其他大脑中的同一个概念同一起来，也即不再会有表达同一个概念这样的说法。所以，单独大脑中的内在表征是某个说话者对概念的把握，而非我们一般所讨论的概念。概念（即概念词的指称）应该是一种社会性物理状态，相应地，概念词的涵义也应该是某种社会性的物理状态。从弗雷格的界定以及我们日常关于语言意义的常识可知，涵义是公共的、客观的，因此，与将涵义视为某物理状态序列个例相比，将涵义视为某物理状态序列的类型更加恰当。由此，对于某个语言符号类型来说，我们可以将此语言符号类型的物理状态类型—相应的大脑物理状态类型—指称对象的物理状态类型——这样的一个物理状态类型的序列称为某种语言符号类型所表达的涵义。

具体来说，就是在大脑物理状态的输入与输出反馈作用机制下，某语言符号类型的物理状态类型与某指称对象的物理状态类型形成了间接的物理因果关系，从而这三种物理状态类型形成了一个物理因果序列类型，这个物理因果序列类型就是我们通常所说的涵义。比如说，"鲁迅"这个语言符号类型会对应于一个物理状态类型，鲁迅这个人是历史中曾经存在的某个特定物理状态，"鲁迅"之所以能指称鲁迅，就在于这两种物理状态类型通过大脑的输入输出的特定物理状态类型形成了一个完整的物理因果序列类型；其中"鲁迅"这个特定物理状态在当下还能被谈及是由于经历了相当复杂的历史因果链条，这样的一个无比复杂的物理因果序列类型的链条就是"鲁迅"的涵义。并且，随着时间的进展，相应的因果链条还会不断伸展，即所谓的万事万物无不是以物理状态存在，如果有所关联也是处在物理因果联系的链条中。

然而，这种物理主义下对涵义的说明即使在本体论上没有错误，对于研究涵义理论也没有很大助益。因为，这种物理主义的彻底还原首先就要面临这样一个疑难，即如何区分不同的物理状态类型？按照物理主义的本体论立场，对不同物理状态类型的区分不过是另外的物理状态①罢了。如此，一切不过是物理状态而已。将一切还原为物理状态将给认识论带来灾难。比如，生物学关于基因的探索对人类理解自身起到了根本性的作用，但是从还原的物理主义的角度来讲，基因的存在也不过是一些特定的物理状态类型。然而，在微观物理层面（比如原子、中子、电子、夸克、轻子等），可否区分基因片段（即 DNA 片段）和无机高分子聚合物（比如聚乙烯）是很有疑问的。要么根本就不可能在物理层面进行区分，即这两类物质在物理层面不具有区分性；要么由于还原后的数据量巨大（很容易想象这一点）而超出了人类的计算能力。当前，计算机甚至已经战胜了围棋大师，说明计算机的计算能力确实非同一般，但是若要设想计算机能够如同人与人之间那样，不但能自我维系生存，且能自行找到围棋大师说，"来，我们下盘棋吧"，还是难以想象的。计算机确实是基于基本的物理原理来计算的，但是即使以现在最先进的计算能力来设想，在面对将生物学还原为物理学后那种计算量还是杯水车薪的。物理主义还原论最大的失误就是，彻底的还原会取消一切差别，并使得支持者产生取消认知层次性的冲动，从而使得人类眼中的世界重新混为一体。这恰恰回到了哲学的原始状态，因此，这是当今哲学应该避免的。

自然主义中的还原论涉及这样的程序：在一个学科领域中断定为真的陈述中的事实或实在，被另一个学科领域中的事实或实在取代，并且它们之间具有这样一种关系，即高层次的还原为低层次的。一般认为，这些层次由低到高为粒子物理学、多体物理学、化学、分子生物学、细胞生物学、生理学、心理学、社会科学。彻底的还原论还蕴含着这样一种假设，即系统不过是它的部分的总和。比如，生物学中的还原就是将生理现象还原为物理化学术语来解释，生命现象不过是原子、分子特定

---

① 大脑的物理状态类型或者其与世界的相互物理因果关系等构成的物理状态类型。

的排列组合，别无其他。也就是说，本体论的还原主义反对突现论和整体论，认为突现现象在一个基本的层面是不存在的；突现论则认为突现现象要比产生它的过程的总和要多出一些东西，整体论认为整体不可能从其部分的总和得到解释，整体要多于它的部分的总和。还原论被不少人反对，因为人们逐渐发现复杂系统本质上不可还原，需要整体论视角才能理解系统；控制论和系统论者认为有些时候甚至要用更高层级的理论来解释本层级现象，这恰恰与还原论相反。

即使在本体论上对还原论让步，还原论也承认应该将突现看做一种认识论现象，它作为对系统的分析和描述而存在。虽然说有可能认识论层次的应用部分地表达了我们人类在把握细节方面的局限，但更有可能，组成实在的不同层次确实具有不同的属性。越复杂的系统，还原论的局限越明显，比如生命细胞、神经网络、生态系统都很难用科学还原论的方法研究，更不用说人类社会了。我们需要具有层级的层次性的理解，也即复杂系统可以用组织的层级进行描述，根据低层级的东西描述高层级的东西。即便如此，一门学科中承诺的事物遵从在层级中处于其前面的学科中的规律，也并不意味着这门学科仅仅是其前面学科的应用版本，在每一个层级，全新的规律、概念以及组织是必需的，不能说生物学是化学的应用，更不能说心理学是生物学的应用。而当前英美哲学的主要研究领域心灵哲学，其中的自然主义主要倾向也并不是要求还原，即自然事物的产生、发展具有层次性，高层次的事物并不能为低层次的事物所完全还原。

根据自然主义的基本立场，世界中存在的只有自然事物，而形式语义学中常用到的可能世界这种概念，并不是自然存在的世界，只是自然存在的概念，而自然事物都能够通过自然科学的规律或理论而被理解。前面已经论述，涵义在物理层面可以看做是特定的物理状态序列，但是这种物理状态序列在认识论上不具有区分性，因此并不能帮助我们理解涵义的特点，即是说从认识论上来说不能通过物理主义来解释涵义。涵义是语言所表达的东西，并是意义理论的组成部分，因而涵义首先是种语言现象，并且这种语言现象从认识论上来讲不能还原为物理层面。涵义在认识论上是远比基因更复杂的社会存在，因此，有理由以一种具有层级的层次性眼光来分析涵义。

关于涵义的研究本身是一种语义上溯行为，所谓语义上溯是指蒯因所强调的研究语言现象的方法论概念，即从对对象的讨论上升到对语言本身的讨论，而涵义正是关于语言某个方面的讨论。比如为了解释"a=a"和"a=b"认知上的不同，我们要从对 a 与 b 的指称对象是否相同的讨论，上升到对 a 与 b 这两个语言表达式如何不同的讨论。而这种语义上溯也并不是卡尔纳普所谓的从实质的说话方式导向形式的说话方式，语义上溯的适用范围广得多，比如爱因斯坦在提出相对论时对牛顿力学系统中速度、质量等概念本身的考查就不属于一般意义上的科学研究，而是一种语义上溯行为。"语义上溯的策略是，它使讨论进入双方对所讨论的对象（即词语）和有关对象的主要词项的看法比较一致的领域……我们还必须注意到哲学中使用语义上溯方法的深层理由……物理学所需要的概括性可以通过量化非语言对象达到，而逻辑所需要的概括性的维度则反而要求助于这种量化可能得到的结果……哲学中有些特有的努力，比如对付追猎狮子或相信的困惑，就其需要语义上溯作为超越具体事例进行概括的手段而言，与逻辑是类似的。"① 因此，虽然蒯因拒绝了弗雷格式涵义，但是在这里他借助了语义上溯这种说法来解决弗雷格所面临的信念之谜之类的困惑。

不过正如蒯因所说，"这是所涉及的领域形式上的不同，而不是内容上的不同"②，并认为："哲学家的任务在细节上是不同于其他理论家的任务的，但并没有像有些人所设想的那样存在严格的区别，这些人以为哲学家在其掌握的概念框架之外有一种优越的地位。宇宙之中没有

---

① ［美］蒯因. 语词和对象［M］. 陈启伟，等，译. 北京：中国人民大学出版社，2005：308-309.
② ［美］蒯因. 语词和对象［M］. 陈启伟，等，译. 北京：中国人民大学出版社，2005：309.

这样的放逐地。"① 对于作为一种语言现象的涵义来说，不论是从物理主义的角度，还是从生物进化论或者认知心理学的角度来谈论意义问题以及涵义概念，都不是内容的不同，而是形式的不同，也即不是本体论承诺上的不同，而是认识论层级上的差别。对应于前述从物理层次对涵义的界定，可以综合各认识论层级给出涵义的一般性界定，这种界定类似于意义的社会建构论者关于意义的界定。SCLM（意义的社会建构论简称）的关键在于用"语言、人（语言共同体）和世界"的三元关系去取代"语言和世界"的二元关系。② 意义社会建构论者从人类学等社会科学层面来讨论意义问题，这种界定也恰恰突出了弗雷格主义的间接指称论的核心要义。这里给出的对涵义的极其类似的界定，是综合各认识论层级后给出的，只是在术语表述上采取了更为常见的用语，即某个语言表达式的涵义是由此语言表达式—语言共同体—指称对象的有序三元组决定的。

认识论的层级根据研究细密性的不同可以给出细节多有不同的论述，在这里只基于四个大的层级分层来讨论，即物理化学层面、生物学（包括进化论等）层面、心理学（特别是认知心理学）层面以及语言学、人类学等社会科学层面。语言表达式在物理化学层面指的是某个物理形态类型，即是说一个语言表达式必然以某种物质媒介来呈现；在生物学层面指的是人类基于语言本能所创制出来的语言工具，首先是声音形式的，随后发展出来了文字形式，在一定程度上类似蜜蜂的"8字舞"或群狼有节奏的嚎叫；在认知心理学角度看来则是具有计算能力的大脑的内部表征系统的外化产物。若在不考虑本体论的特点以及认识论描述及解释分层的情况下，而是在一般的元语义学层面来讨论的话，语言表达式就是指具有语言本能的某个语言共同体所具体使用的某种语言符号系统中的语言表达式，并且如同常识所知道的，在一个语言共同

---

① ［美］蒯因. 语词和对象［M］. 陈启伟，等，译. 北京：中国人民大学出版社，2005：311.

② 陈波. 语言和意义的社会建构论［J］. 中国社会科学，2014（10）：121-142.

体内某些文字形式和某些语音形式表示的是同一个语言表达式。可以看
到，语言表达式从物理化学、生物以及心理学层面来讲都是自然存在的
事物，人们之所以能够运用语言符号来象征具体或抽象的事物，源自于
人们的抽象思维或者概念思维能力。对此，认知心理学已经有详细的
论述。

　　语言共同体这个概念可以说是生物学社群概念的一个衍生，并且与
人类学以及社会学中经常讨论的族群概念以及群体概念有密切关系，在
语言学以及语言哲学中经常被作为自明的概念而被使用，指的就是使用
同一种语言符号系统（比如汉语）的人类群体。语言共同体这种说法
本身也是具有相对性的，既可以说所有使用语言的人类都是同一个语言
共同体；也可以根据不同的标准，或者说对语义上溯的实际需要对语言
共同体做适当的划分，比如既可以把以英语为母语和以汉语为母语的族
群看做不同的语言共同体，也可以把说广东话和东北话的群体看做不同
的语言共同体。不过，这种分类上的不限定并不妨碍将语言共同体作为
讨论语言意义的一个有效的概念。语言共同体概念的合理性源于传统上
人们关于语言是人类文化产物、语言具有主体间性和约定性的常识性立
场，奥斯汀、格赖斯、塞尔、斯特劳森等倾向于日常语言哲学的哲学家
都对此立场表示赞同，而他们的先驱维特根斯坦关于此有著名的反对私
人语言的论证，当前的意义的社会建构论则对这一立场进行了全面
论证。

　　语言共同体是在人类学及社会学的解释层面使用的概念，语言共同
体是具有某种特征的人群、是人类个体的集合，其对应的物理化学层面
为大脑物理状态类型，从生物进化论层面来说则是自然进化出来的具有
概念能力（以及理性能力和推理能力）的大脑神经系统，从认知心理
学层面来说则是大脑内置的符号表征系统。对于语言共同体这个概念，
即使在本体论上我们承认这种还原，当将它作为解释涵义的一个要素时
则是不可还原的。语言共同体作为确定涵义的一个必备要素，需要有一
个非实在论的认知层次来满足涵义（语义）对规范性和情境敏感性的

要求；这种观点可与生物进化论相契合①，并能将普通语用学所讨论的语言意义的语用方面因素容纳进来，这也是将语言共同体纳入确定涵义的要素的初衷。非还原的语言共同体概念是在人类学的层次上来解释涵义的本质的，这本身也是一种自然主义立场的讨论。② 规范性问题并不会对自然主义立场构成实质性挑战，这源于规范性并不是超自然的天外来物。语言共同体首先出于交流目的而使用语言表达式，为了达到交流的成功所形成的约定性规则，也并非来自神启，而是基于人类大脑结构和认知机制而形成的自然的规则。在人类进行自我反思和自我解释的时候，由于没有理解人类所具有的心理语法和普遍语法，从而导致语言的规范性和事实性被割裂开来；如同人不能违背力学定律运动一样，人也不可能说出没有遵从乔姆斯基式语法的语言，哪怕他是在胡言乱语。而日常言辞上的规范性语法则过度扭曲了所谓的规范正确性要求，不过这种扭曲也正是在语言共同体的基础上形成的。

根据意义的社会建构论者的看法，语言的意义由语言共同体的集体意向所确立。意向及意向性概念是研究意义问题的核心概念之一，它使得人们内在的心理状态能够与所谈论的外部事物联系起来。建构于语言共同体之上的意义理论必然要对语言共同体的集体意向做一考察，集体意向概念源于对集体行动动因的考察，如同认为个人行动由个人意向驱动一样，集体意向论者认为集体行动由集体意向驱动。对于涵义问题来说，意向概念的作用在于解释人们如何能够用语言符号来指向所谈论的对象本身，语言共同体的集体意向能使得这种指向关系或者关涉关系成为公共的、主体间的。不过，意向是种实在性的存在吗？语义的内在论者坚持意向的实在性，即认为意义在头脑之中，不过这种立场面临着显著困难，比如说意向的东西如何与物理的东西相互作用，这其实是心物二元论的传统难题的延伸。意向实在论与自然主义是不相容的，因为预

① Horgan T, Timmons M. Metaphysical naturalism, semantic normativity, and meta-semantic irrealism [J]. Philosophical Issues, 1993 (4): 180-204.

② Wettstein H. Cognitive significance without cognitive content [J]. Mind, 1988, 97 (385): 1-28.

设了无法由科学方法论研究的意向实在这种东西。那么，在自然主义立场看来，意向又是什么呢？

所谓意向就是一种朝向性或倾向性，是人的一种特定的心理状态；这种心理状态关系到欲求、希望、计划、选择等心理态度及其内容。意向性就是关涉性，这个概念本身蕴含着对他者的诉求。一般认为生命体才能具有意向性，而非生命体谈不上任何意向性，因为生命体只有借助外物才能完成自身存在的持续，而非生命体并没有这种要求。因此，意向性这个概念与生命的本质密切相关，可以说是个关系到意识本质的问题，也就是属性二元论者查尔莫斯所说的意识的难问题。在自然主义的立场上，可以将意向性看做是一种不可还原的自然属性，这种属性无法在物理化学层面给出充足的描述，只有基于生物学及以上层级才能给出恰当的解释。意向性这个概念与目的性密切相关，如果说人类或其他生物的许多行为是出于意向的行为，也就是说这些行为是有目标朝向的行为。意向的内容就是目标所实现的或结果，比如欲求得到满足、计划得到实施、选择得以确定等。个体意向源于个体生命需要持存的本能，这是生命体自然存在的一种特性；集体意向则由个体意向组成。集体意向并不是实在性的存在，而是指人类群体活动时预设的一个前置的自然属性描述，它能够用来描述相关的社会性或群体性行为。没有脱离个体意向的集体意向，个体意向是集体意向的构成基础，但集体意向不能还原为个体意向；不能说集体意向是个体意向的简单累加。这主要是由于处在集体中的个体会因为群体而极大地改变他的思想行为倾向，而这反过来又使得个体意向的简单累加根本无法解释一些集体行为和倾向。这说明集体意向不仅仅是内置在大脑中的状态的累加，还包含了大脑通过外部介质的某些互动。这就如同虽然不存在私人语言，但语言也是基于人类个体大脑中的语言机制的；虽然不存在集体意向，但处于集体中的个体意向会遭到重塑。换句话说，语言更多的是社会性的，然而也有个体基础；意向更多的是个人性的，但也有社会成分，归根结底是因为人是群居且高度分工和分化的物种。从生物学以及心理学层面来看，集体意向性状态是大脑及其大脑间活动的结果，它是人类物种延续自身的本能的一方面属性体现，这种属性的特点是体现了对外物（包括其他个体）的需求。而语言符号之所以能够完成指称任务恰恰是源于此，这也说明了符号并不是依靠符号本身而是依赖于语言共同体才能够指称的。

指称对象是涵义构成的另一个要素，那么指称对象都是什么呢？通俗来讲，就是人们用语言表达式所描述或谈论的东西，因此，它可以包括所有人类所认识或设定的对象。指称对象既可以是具体的事物，也可以是抽象的概念。对于弗雷格而言，有直接指称和间接指称之分，直接指称就是一般的对象和概念，而间接指称则是涵义。对象就是个体的、完整的具体事物，其自然性自不待言。而概念是什么则存在着疑问，传统逻辑学一般认为概念是思想的基本单元，有概念的内涵和外延之分，其中内涵是关于对象的本质的思想，外延则指具有概念所反映的特有属性的所有对象。可见这种界定是有些混乱的，不过基本认定概念的本质是思想。弗雷格认为概念是不完整、有待补充的函项，其本质是位于第三域的抽象实在，即思想的一部分，可见弗雷格不赞赏传统关于内涵和外延的说法，进而提出了其独特的指称与涵义的区分，他关于概念的界定也并不是完全脱离传统的。在本体论上，弗雷格则将所有抽象的东西都放在了神秘第三域，包括涵义、概念以及数学对象等，而关于如何区分这些抽象事物，他给出了逻辑上的区分，却没有给出认识论上的区分。不过，虽然明确的逻辑上的区分使得弗雷格丝毫不担心他关于第三域的设定，但对于自然主义者来说，由于认识论上的不可通达性，这种设定是不被认可的。对于自然主义立场来说，抽象实在其实是大脑关于自然存在的事物的一种特定表征，通过语言符号这种表征得以外化，并能够进行传播和交流。概念等抽象对象在物理化学层面不过都是各种物理状态；在生物学层面则是较高级的思维能力，比如据说鸟类也具有较低级的计数能力，其水平相当于非常小的婴儿；在心理学层面则是大脑的表征和计算能力，并且可以通过不同的物质构造得到实现，比如计算机；在逻辑、语言层面则就是一般我们所谓的概念，比如在物理学中我们讨论夸克时讨论的是物理世界中的微观存在，而一旦我们说夸克这个概念，就会涉及语义上溯，所讨论的就与语言本身相关了。间接指称指的是在不透明语境或者说内涵语境中，对语言表达式指称的指定，即一般意义上的涵义。之所以这样并不是因为间接语境中的表达式本身有什么特别之处，而是这些表达式所处的语境使得对其的使用涉及对语义的上溯。

　　语义学的核心首先是指称，指称是涵义的一个必备要素，但是并不能将涵义还原为指称本身，因为对涵义来说，更重要的是其构成结构，即语言表达式—语言共同体—指称对象的有序三元组或者三元关系属性。关于将指称对象看做涵义的必备要素，这里有一个明显的疑问，即弗雷格一方面认为涵义是指称的呈现模式，涵义决定了指称；另一方面又认为有些语言表达式没有指称只有涵义，比如空名"独角兽"等并没有指称。关于空名的指称，罗素的看法是正确的，即"独角兽"这样没有指称现实世界中事物的名字其实指称的是一个概念。不过概念也并非个人心理的东西，如同没有私人语言，也没有私人概念，概念是一种基于语言共同体的集体意向的类型表征，如用"马"这个概念词，不但可以指马场上活生生的马，也可以指徐悲鸿画的马、广场上的雕塑马等，后者严格上讲都不是马的一般意义上的外延，但是都是马的类型。概念与涵义有所不同，概念源于对不同类型事物进行分辨的认知能力，其他许多动物如同人一样也能分辨许多事物，动物具不具有概念能力需要生物学家给出界定，然而它们显然不具有表达涵义的能力，涵义是对事物类别进行区分后并得到系统的语言符号整理后才有的，在这种整理过程中同时产生了一些现实世界中无法找到其对应个体的概念。人与非语言动物的区别不在于会不会区分事物，以及能不能进行一定的推理，而在于运用系统的语言符号进行表达和推理，人类的理性能力也是由此得到彰显的。

　　所谓涵义是指称的呈现模式，即是指语言表达式—语言共同体—指称对象这种模式，只有这三要素的统合，才能完整地界定弗雷格式涵义，这个界定本身是描述性的。语言表达式与对象的关系不是直接的，而是通过语言共同体联系起来的，这种关系既不具有逻辑必然性也不具有物理必然性，而是如同生物进化具有突变性和偶然性一样，这种联系既符合自然规律又具有偶然性；也如同生物进化中具有选择、竞争和变化，这种关系中也具有争论性和约定性的成分，不但呈现出一定的规范性特点，也随着人类的实践而有所变化。所谓对象的呈现方式不是对个人的呈现，而是对语言共同体的呈现。界定涵义所用的三个术语，都可以通过自然科学给出恰当的描述，它们都是源自自然科学的概念，可以通过自然主义的方法论进行检验。在不同的认知层次，自然科学所承诺的本体或属性是有所不同的，但它们相互之间并不冲突，在不同的语境下可以给出关于涵义的不同层次性描述；这里只涉及形式的不同，不涉及内容的不同，不过，不同层次的描述确实反映了不同的认知。比如说，我们既可以从量子层面来看待一张桌子，也可以从生物学角度来认识它，还可以从心理学角度来观察它，从不同的学科出发看待的都是同一张桌子，不过它的形式却全然不同，人们对其的认知也会不同。前述对于几个层次的划分和说明是大概的，因为不同学科之间并没有截然分明的界限，交叉学科的盛行更是说明了这一点。在涵义问题上坚持彻底的还原主义是得不偿失的，用不同的自然学科来看待涵义问题，其实就是将语义上溯并回归到不同的层次以对语言表达式的意义进行观察和验证。自然主义与其他非自然主义最重要的区别不在于能否为哲学问题提供最正确的解释；如何更加接近关于世界的真理则是更为迫切的任务，自然主义的优势在于能够为哲学问题提供最丰富的解释，并且既不预设神秘的、超自然的存在和超验的、上帝视角的理性，也不标榜自己是终极真理。因此，关于涵义的非还原的层次性的自然化解释为界定涵义提供了基于自然科学的自然视角，这也是最宽广的视角。

二、如何把握自然存在的涵义

根据弗雷格的论述，涵义是能够被把握的，这种把握的本质就是对思想的思考，即思维。思维是种特殊的心理能力，这种能力的作用是将人的意识与独立存在的思想连接起来。一个人要把握一个语言表达式的涵义至少需要具备这样的基本条件：首先，他对语言表达式所属的语言符号系统具有足够的认知；其次，他具有能够思维的大脑，大脑通过语言表达式的物质形式与其表达的思想发生关系。关于涵义的认知或者把握具有这样的特点，对涵义的把握独立于对指称的辨认，即弗雷格所说的："我们能够对每个给定的涵义马上说出它是否属于一个指称，这有赖于我们对这个指称的全面的认识。我们从未达到这样的认识……人们理解一种涵义，但由此并不能肯定也有一个指称。"① "正如这个人把这个表象、那个人把那个表象与相同的语词联系在一起一样，这个人把这个涵义、那个人把那个涵义也与相同的语词联系在一起。"② 这就是说，不同的人对同一语言表达式的把握或者理解可以不同，即同一语言表达式对不同的人可能具有不同的涵义。弗雷格关于涵义的把握与涵义的本体论的论述存在着含混和冲突。首先，思维是心理的东西，弗雷格强调思想与心理的东西无关。那么，如何通过心理领域能够把握第三域的东西是有疑问的。其次，如果不同的人对同一语言表达式的涵义有不同的把握，那么也就是说同一语言表达式可以表达不同思想了，如此的话，思想又如何能够传达和交流就成了疑问。弗雷格涵义理论中的这种冲突源于他本体论上的多元论，即不但包含笛卡儿主义的精神和物质的二元论，还设定了第三域。要使得把握涵义说得通，就得抛弃弗雷格哲学思想中笛卡儿主义和柏拉图主义的混合物③，或者说抛弃对笛卡儿主义和柏拉图主义的双重继承。

　　弗雷格所谓的"把握"是一种关系，即思想与认知者之间的关系。弗雷格认为自身非感官可感觉的思想用可感觉的句子表达出来，因此是我们可把握的。也就是说，个体认知者与语言表达式个例这两者都是处于物理世界的事物，因而可以发生因果作用，通过这种因果关系，个体认知者把握了语言表达式表达的思想。不过，弗雷格这种解释是种望梅

① Beaney Michael. The Frege Reader [M]. Oxford：Blackwell Publishers，1997：153.

② Beaney Michael. The Frege Reader [M]. Oxford：Blackwell Publishers，1997：154-155.

③ Carrara M，Sacchi E. Propositions：Semantic and Ontological Issues [M]. New York：Rodopi，2006：59-75.

止渴的做法，他自己也强调，把握一个思想并不是制造它，而是接近它，这与看到一个事物或拥有一种表象完全不同。看到一个事物是基于事物反射或发射的光线对眼睛的刺激，这符合自然科学规律，其间没有什么神秘的；而把握在弗雷格看来却恰恰是不能做这样的理解的，因而，把握关系在弗雷格那里本身是超验的、神秘的。所谓把握其实就是对涵义（或思想/命题）的认知途径，维特根斯坦早期也论述了这个问题，他用的术语是"投影"，他说投影的方法就是对命题意义的思考，这是维特根斯坦的世界的逻辑图像论中的论题。"所有属于投影的东西，都属于命题；但被投影的东西不属于命题。"① 也就是说思想就是投影的东西，而理解或把握思想的方法就是投影的方法。这种说法相对于弗雷格"把握"说也没有告诉我们更多，并且在自然主义立场看来都是很不自然的，其深层原因都在于将思想或涵义或命题看做是自成一类的独特的存在，从而使得涵义和对涵义的把握之间形成了一道鸿沟。

　　面对这些困难，后来分析哲学发生了所谓的认知转向，批判了弗雷格的彻底反心理主义，重新从心理学的成果来考虑对思想或涵义的把握问题，主张把握关系应该成为能够为自然主义方法论所认知的东西；认为只有抛弃涵义和心理事物之间彻底分界，才能合理地解释把握关系，即能被思维把握的肯定是自然存在的。心理语义学的代表人物福多认为，"除了表达命题的表达式的个例与有机体间能产生的因果的或者功能的关系，有机体与命题之间看不出来还能有其他什么关系……有机体与命题之间的关系机制只可能是内在表征关系"②。在认知心理学看来，对思想的把握就是心理表征，所谓思维就是心理表征的实现过程，而且这种表征具有某种计算表征模型的特征。从物理、化学层面讲，这种表征的本质是语言表达式个例与大脑间的因果关系，比如说把握"鲁迅"的涵义就是指，就当下我们所见的这个语言符号个例，它现在作为在电

---

　　① 　Ludwig Wittgenstein. Tractatus logico-philosophicus ［M］. London：Rutledge& Kegan Paul，1974：111-112.

　　② 　Fodor J A. Psychosemantics：The problem of meaning in the philosophy of mind ［M］. Cambridge，MA：MIT Press，1987：11.

脑屏幕上呈现出的一种物理状态（一些墨色线条），直接引起读者的大脑神经的某个物理状态。从生物学层面讲，物种外部环境的特点决定了大脑等起心理表征作用的器官的特征，基于这些生物特征，把握涵义指的就是，交流双方通过使用一串声音或字符完成某个行为或达到某个目的。

涵义是语言表达式—语言共同体—指称对象这种有序三元组，而把握是个体认知者与涵义的关系，因而把握涵义涉及涵义的个体化问题。通过对涵义的前述分析，我们知道涵义不仅仅被头脑中的东西决定，也被其所处环境决定。这是种关于思想本质的反个体主义，也是当前心灵哲学的主流。① 然而，一旦谈到对涵义的把握，就又会返回到思想的个体化问题，而此时，就会出现认知主体对于其所拥有的思想的认知优先权问题。弗雷格认为的不同认知者对同一表达式的涵义可以有不同的理解或把握，就是源于对这个论题的赞同，不过他并没有言明这一点。比如弗雷格认为，对于"亚里士多德"的涵义，有人将其理解为柏拉图的学生和亚历山大大帝的老师，有人则将其理解为生于斯塔基拉的亚历山大大帝的老师。然而，这就导致了不同的人在使用同一个语言表达式时完全是在表达不同的思想。那么，思想又如何得以交流呢？在解释把握涵义时，弗雷格对个体主义不自觉地赞同破坏了涵义的可交流性。

对于弗雷格而言，思维是心理过程，因而是主观的、私人的，也因此，他要求将思想与思维彻底地区分开，思维只是对思想的把握或者接近，而不是拥有。然而，思维并不是私人的，思维过程完全是可以研究和检验的。把握涵义也并非如弗雷格所倾向的那样，是将一个完全客观的东西（思想本身）私人化，变成主观的、心理的东西（即思维）。自然主义认为世界中即不存在先验的以及超验的东西，也不存在完全私密的、不可能得到科学观察的东西。因此，在自然主义看来，把握涵义本身也是自然的存在，没有什么神秘的把握关系。从认知者的角度来看，

---

① Brown J. Anti-Individualism and Knowledge [J]. Philosophy & Phenomenological Research, 2004, 74 (2): 515-518.

把握涵义就是语言表达式与个体大脑神经系统的一种相互作用。从涵义作为呈现模式（包含语言表达式—语言共同体—指称对象三要素）来讲，认知者把握涵义就是呈现模式的个体化或者说一个例示。

那么，如何理解把握一个涵义并不一定能辨认出其指称对象呢？涵义作为呈现模式的例示，如同一个红色苹果例示红色，红色作为一种属性不能脱离所有红色事物而存在，而红色苹果不但例示红色还可以例示其他属性（如甜）。涵义不能脱离所有对涵义的把握而自成一类，而且，把握涵义在具体的认知个体那里得到例示，不但与认知个体与外部环境的关系有关（比如某个语言表达式的刺激），还关系到认知个体大脑内部表征各种认知的神经元之间的相互作用。认知者对指称对象本身可能并没有自觉的认知，也就是说，他与他所谈论的对象间的因果关联是由于历史原因造成的（也因此他能够说出那个语言表达式），而他对此很可能并不具有反省式的认知，这就说明了许多时候一个人为何可以谈论他并不熟悉的事物，甚至可以成功谈到他毫无所知的事物。不但如此，认知者作为例示的个体，他还可以例示许多其他认知属性，这就是为何不同的人可以将同一表达式与不同的涵义联系起来，他们在认知中将这一表达式与不同的其他表达式关联了起来，但不能说其他表达式是他们对这一表达式涵义的把握。"亚里士多德"使一个人想到了"柏拉图的学生和亚历山大大帝的老师"，使另一个人想到了"生于斯塔基拉的亚历山大大帝的老师"，这并不能说是对"亚里士多德"的涵义的把握，而是关于"亚里士多德"的联想。即使关于"亚里士多德"毫无所知，一个人也能正确理解"亚里士多德是个哲学家"这句话的意思，正如弗雷格所说，要保证一个人能够把握某个语言表达式的涵义，只需要他对语言表达式所属的语言符号系统具有足够的认知，而这一点恰是由认知者大脑状态来保障的。

一般而言，把握涵义是针对个体认知者而言的，一个表达式的涵义并不会因为被个体认知者把握而成为私人的，也不会因为个体认知者对其理解的变化而发生变化，更不会因为个体认知者对其指称对象的错误辨认或无法辨认等而发生变化，因为，把握涵义不过是涵义的个体化。

个体认知者对同一个表达式的理解发生变化或者错误辨认指称对象，不过是源于他的个人认知状态，这对呈现模式（包含语言表达式—语言共同体—指称对象三要素）的影响是微乎其微的。而在不透明语境中，语言表达式之所以不能做一般的保真替换，就是因为其所在的命题态度词意味着已对语言表达式做了个体化处理，比如"小明知道长庚星是金星"已经蕴涵了小明对语言表达式"长庚星是金星"的把握，如同不能用一个红苹果替换红色属性，也不能用对涵义的把握替换涵义，而这就是"弗雷格之谜"的秘密所在。

　　前述所讲对涵义的分层自然化，是从不同的解释或认知层次揭示了涵义的存在形式，也即关于涵义的本体论描述。虽然涵义是客观的，然而也不是如同弗雷格所说的永恒不变，这是因为三要素之一的语言共同体是在历史中不断变化的，而它的变化又伴随着对指称对象设定上的变化。同一语言表达式的涵义的转变有些类似科学哲学中所谓的范式转换，也即所处语言共同体与之前共同体的决裂和重构，这使得同一语言表达式在不同历史时期可能表示完全不同的涵义，指称完全不同的对象。这既体现了自然主义对理想的追求，也体现了自然主义对可错的和有节制的理性的认可，比如对指称对象的重新设定。自然主义坚持永无止境的批判和进步的可能性，这也回应了弗雷格关于不可能达成对对象的完全认识的说法，如同许多哲学家所认可的那样，"我们必须更进一步承认系统的认知意义是个程度问题"①。从自然主义认识论角度来看，涵义的变化同科学理论或科学探究的进化是相匹配的，并且在一定程度上是整体论的，即语言符号系统的涵义随着符号系统自身以及科学理论探究的变化而变化。这种关于涵义的元语义理论也意味着，对于自然语言不可能构建出一种完整的意义理论，首先是因为，任何理论科学的实践最后都会通过语言呈现，进而不断改变我们关于任何自然存在（包

① Carl G Hempel. Empiricist Creteria of Cognitive Significance: Problems and Change [C] // Martinich Aloysius. The philosophy of language, 3rd ed. Oxford: Oxford University Press, 1996: 35.

括涵义）的看法；其次是因为，我们并没有比自然语言本身更丰富的元语言来全面描述我们现有的自然语言，一旦我们在元语言中引入什么就会也变成自然语言的一部分，也即是说，"理论化"我们的语言及其作用，都是发生在语言内部的，而这种活动是语言共同体中的每个说话者时刻都在参与。

三、涵义自然化后之适用性考查

自然主义立场对涵义的界定是否适用，主要就是要给出涵义的同一性标准，然后考查在相关的谜题中，这个标准是否有解释力，关键在于标准的细密性是否恰好。标准的细密性要求既不太紧密，又不太宽松，就像孔眼刚好合适的筛子一样。上述关于涵义的定义就是：某个语言表达式所表达的涵义就是这个语言表达式—语言共同体—指称对象有序三元组所决定的。而把握涵义就是涵义在认知个体那里的一次例示。常被讨论的涵义的同一性标准是：如果能够理解两个句子，并且能够融洽地说相信其中一个句子所表达的，而不相信另一个句子所表达的，那么这两个句子就表达不同的涵义或者不同的思想。可以看出，这里在讨论涵义时，是将语言表达式放在了间接语境中，即"相信"这样的命题态度之下，根据前面的讨论，这涉及认知主体对涵义的把握，因而这里讲的涵义的同一性其实是把握涵义的同一性，而非涵义的同一性。涵义的同一性是由上述三个要素确定的，其中语言共同体起着主导作用，而非由认知个人的认知状态或心理状态确定的；否则的话，就会破坏思想的客观性，进而使得思想的可交流性变得十分脆弱。

因此，涵义的同一性标准应该是这样的：有一个语言表达式表达的涵义（语言表达式 A—语言共同体 A—指称对象 A），以及另一个语言表达式表达的涵义（语言表达式 B—语言共同体 B—指称对象 B）。如果对于正在进行语义上溯的研究者而言，这两个三元组要素是可区分的，那么，这两个语言表达式就表达不同的涵义，否则就表达相同的涵义。在此基础上，又有了把握涵义的同一性标准，也即我们一般情况所说的涵义的同一性标准，把握涵义的同一性标准的关键在于不对意义做语义上溯的研究，只要求日常所说的一个人对语言意义的理解。对于弗雷格之谜，具有相同指称的不同语言表达式的涵义不相同，这是显然的，因为相应的三元组是显著不同的。比如有心的和有肾的，它们涵义不同，首先就在这两个语言符号上表现出了差别，再在不同的认知层次上分析，它们涉及不同的因果关系链条或不同的心理表征，等等。而信念之谜等涉及间接语境、内涵语境、不透明语境的问题，其实质是这种语境中所讨论的或要替换的不是需要进行语义上溯的涵义，而是具体认知者对涵义的把握。因此，就要在确定涵义的三元组外面加上一个内涵算子或场景（情境）制约，这种制约的本质是将具体认知者对涵义的把握这一层次刻画出来，而对于具体认知者而言，对涵义的把握显然是透明的。

　　通过认知层次的综合所界定的涵义可以是最细密的，它既不是完全外在的，也不是完全内在的，而是与当前所谓的语义双因素论的想法相契合。双因素理论是心灵哲学中的一个论题，认为意义既包括一个内在的、窄的方面，这由大脑内神经系统的功能角色来决定；还包括一个外在的方面（即指称方面），这由意义的其他形而上学理论的某些方面来决定。比如在双因素论中，外在因素将"超人飞"和"肯特飞"在语义上等同起来（超人就是肯特），而内在因素则将它们区分开来；而对于孪生地球中的张三和其对应体张三，当他们说"水是可以解渴的无色透明液体"时，内在因素无法区分张三说这句话和其对应体说这句话的语义上的差别，通过外部因素的考虑才可以进行区分。不过，在自然主义世界观中，没有所谓内在与外在的二元实在对立，一切都是自然的存在，可以通过分析形而上学方面涵义的不同认知层次，以及区分涵义与对涵义的把握，来给这些符合语义直觉的思想实验以恰当解释。比如上述"超人飞"和"肯特飞"两个语言表达式在涵义上显然不同，也即是说其语义的决定方式是显然不同的；而对于孪生地球的例子，两个人所说的话的涵义在心理学层面是不可区分的，但是在物理化学层面的区分是显然的（这正是给出这个心理实验的前提）。这里对涵义的分析并不需要用到可能世界这种更加抽象的预设，而只需要借助自然科学在认知层次上的区分就足够了。

　　通常在语义学中，指称作为语义值被系统地赋予了语言表达式，从而有了对语义值刻画的形式化表达；而指称又由涵义决定，因此，在形式语义学中涵义通常被刻画成一种确定指称的函项操作，不过函项操作本质上是外延的，这种操作实际上就是将涵义在本质上还原成了指称。根据弗雷格所言，在间接语境中，语言表达式具有指称，而这个指称就是一般时候的涵义，其实这个涵义是就把握涵义而言的。对此，我们借助内涵算子等逻辑手段也可以做形式化的处理。不过，我们也可以讨论涵义本身的问题，而这种讨论也要符合逻辑推理的有效性，因而也可以进行适当的形式化。这就促使人们想象能够给出完全的语义学，也就是构建出关于自然语言的完整的形式语义学。不过，我们并没有比自然语言的更丰富、解释力更强的超自然语言。所谓的元语义问题讨论也是在自然语言内部进行的，表达式的涵义在元语义层面决定了表达式的指称（即语义值），而其中的涵义在历时上又具有整体性的、动态变化的形而上学特点，因而，难以想象如何给出完整的、终极的形式语义学。也就是说，如同弗雷格所认为的，涵义与指称不仅仅是语义作用上的不同，更存在着形而上学方面的不同。因此，不能对涵义进行完全的形式化不能成为抛弃弗雷格式涵义的理由。

参 考 文 献

［1］［英］卡尔·波普尔. 客观知识［M］. 舒炜光，等，译. 上海：上海译文出版社，1987.

［2］陈波. 逻辑与语言［M］. 北京：东方出版社，2005.

［3］陈波. 逻辑哲学［M］. 北京：北京大学出版社，2005.

［4］［英］达尔文. 人类的由来［M］. 吴疆，吴德新，编译. 北京：人民日报出版社，2007.

［5］霍永寿. 西方语言哲学入门必读［M］. 上海：上海外语教育出版社，2012.

［6］江怡. 西方哲学史（学术版）·现代英美分析哲学［M］. 南京：凤凰出版社，2005.

［7］［德］康德. 纯粹理性批判［M］. 李秋零，译. 北京：中国人民大学出版社，2004.

［8］［美］蒯因. 语词和对象［M］. 陈启伟等，译. 北京：中国人民大学出版社，2005.

［9］［英］罗素. 数理哲学导论［M］. 晏成书，译. 北京：商务印书馆，1982.

［10］［英］约翰·斯图亚特·穆勒. 逻辑体系［M］. 郭武军，杨航，译. 上海：上海交通大学出版社，2014.

［11］［英］拉·巴·培里. 现代哲学倾向［M］. 傅统先，译. 北京：商务印书馆，1962.

［12］［美］史蒂芬·平克. 语言本能：人类语言进化的奥秘［M］. 欧阳明亮，译. 汕头：汕头大学出版社，2004.

［13］［瑞士］索绪尔. 普通语言学教程［M］. 刘丽, 译. 北京：中国社会科学出版社, 2009.

［14］［美］马蒂尼奇. 语言哲学［M］. 牟博, 等, 译. 北京：商务印书馆, 1998.

［15］王文方. 语言哲学［M］. 台北：三民书局, 2011.

［16］杨海波. 弗雷格的算术哲学［M］. 武汉：湖北人民出版社, 2012.

［17］叶闯. 语言·意义·指称［M］. 北京：北京大学出版社, 2010.

［18］［德］弗雷格. 弗雷格哲学论著选辑［M］. 王路, 译. 北京：商务印书馆, 2006.

［19］郭泽深. 弗雷格逻辑哲学与现代数理逻辑思潮［M］. 北京：中国社会科学出版社, 2006.

［20］王路. 世纪转折处的哲学巨匠：弗雷格［M］. 北京：社会科学文献出版社, 2002.

［21］李忠伟. 回到现象学的意向性理论——胡塞尔与弗雷格分道而行［M］. 北京：中国政法大学出版社, 2013.

［22］王路. 弗雷格思想研究［M］. 北京：社会科学文献出版社, 1996.

［23］［古希腊］亚里士多德. 范畴篇 解释篇［M］. 方书春, 译. 北京：商务印书馆, 2005.

［24］［英］M. 比内, 刘佳, 陈波. 关于弗雷格"Bedeutung"一词的翻译［J］. 世界哲学, 2008（2）.

［25］陈波. 专名和通名理论批判［J］. 中国社会科学, 1989（5）.

［26］陈波. 超越弗雷格的"第三域"神话［J］. 哲学研究, 2012（2）.

［27］陈波. 语言和意义的社会建构论［J］. 中国社会科学, 2014（10）.

［28］陈晓平. 符号的涵义与指称——简评弗雷格的意义理论［J］. 华南师范大学学报（社会科学版）, 1997（5）.

［29］陈晓平. 句子的指称与谓词的定义域——对弗雷格意义理论的一些改进［J］. 广西大学学报（哲学社会科学版）, 1998（2）.

［30］陈晓平. 弗雷格的概念悖论及其解决［J］. 自然辩证法通讯, 1998（4）.

[31] 陈晓平. 关于弗雷格的语境分析的评析 [J]. 广西大学学报（哲学社会科学版），2000（1）.

[32] 陈晓平. 从摹状函项和命题函项看涵义-指称问题——兼评弗雷格和罗素的意义理论 [J]. 科学技术哲学研究，2012，29（2）.

[33] 陈晓平. 罗素的"命题"与弗雷格的"语句"之比较 [J]. 哲学研究，2012（4）.

[34] 陈晓平. 论语句的涵义与指称——对弗雷格的涵义-指称理论的一些修正 [J]. 自然辩证法研究，2013（4）.

[35] 陈晓平. 论谓词的涵义与指称——兼评弗雷格的涵义—指称理论 [J]. 河北学刊，2015（3）.

[36] 陈星群. 弗雷格迷题的无解性 [J]. 湖南科技大学学报（社会科学版），2014（3）.

[37] 程炼. 作为元哲学的自然主义 [J]. 科学文化评论，2012，9（1）.

[38] 褚修伟. "意义"的含混：论罗素摹状词理论之无法剔除"涵义" [J]. 当代外语研究，2014（6）.

[39] 邓雄雁，秦波，胡泽洪. 谓词抽象和"弗雷格之谜" [J]. 学术研究，2014（10）.

[40] 何静，丛杭青. 自然主义认识论的不同形式 [J]. 自然辩证法通讯，2006，28（3）.

[41] ［澳］C. A. 胡克. 自然主义实在论：纲要和研究纲领 [J]. 范岱年，译. 自然辩证法通讯，1994（2）.

[42] 黄敏. 弗雷格的"涵义"：认知解释与逻辑解释 [J]. 哲学研究，2014（3）.

[43] 李高荣. 弗雷格语言哲学中的两对概念论析 [J]. 武汉理工大学学报（社会科学版），2013，26（6）.

[44] 李醒民. 进化认识论和自然主义的先驱 [J]. 自然辩证法通讯，1995（6）.

[45] 刘书斌. 古代西方语义学的萌芽述评 [J]. 思维与智慧，1990（5）.

［46］刘小涛，何朝安. 从动物语言到人类语言的进化？［J］. 哲学动态，2010（6）.

［47］刘小涛，何朝安. 意义理论可以自然化吗？［J］. 哲学研究，2014（9）.

［48］卢德平. 皮尔士符号学说再评价［J］. 北方论丛，2002（4）.

［49］罗毅. 现代西方哲学的可能世界理论［J］. 现代哲学，1987（3）.

［50］马明辉. 论广义弗雷格谜题［J］. 哲学研究，2012（1）.

［51］任远. 弗雷格式思想与罗素式命题［J］. 学术研究，2008（9）.

［52］任远. 摹状词的使用与语义学的边界［J］. 自然辩证法研究，2009（6）.

［53］任远. 相对主义的成真条件语义学［J］. 哲学动态，2015（12）.

［54］史习. G. 埃文斯涵义理论述评［J］. 自然辩证法通讯，2008，30（2）.

［55］王路. 弗雷格关于意义和意谓的理论［J］. 哲学研究，1993（8）.

［56］王路. 句子图式——一种弗雷格式的解释方式［J］. 求是学刊，2014，41（5）.

［57］王路. 涵义与意谓——理解弗雷格［J］. 哲学研究，2004（7）.

［58］王铜静. 意义与习惯：论皮尔士意义理论的落脚点［J］. 自然辩证法研究，2014（11）.

［59］魏志军. 试论穆勒的归纳观［J］. 学习与探索，1990（5）.

［60］魏志军. 试析穆勒的命题理论及数学观［J］. 求是学刊，1990（6）.

［61］徐明明. 论弗雷格的概念学说［J］. 哲学研究，1998（1）.

［62］黄益民. 二维语义学及其认知内涵概念［J］. 哲学动态，2007（3）.

［63］叶闯. 弗雷格之谜和信念之谜的关联主义解决方案［J］. 哲学研究，2010（1）.

［64］叶峰. 我为什么相信自然主义及物理主义［J］. 哲学评论，2012（1）.

[65] 叶峰. 物理主义的指称论与真理论应该是怎样的 [J]. 哲学评论, 2012 (1).

[66] 张妮妮. 弗雷格前后期意义理论比较研究 [J]. 中共宁波市委党校学报, 2002, 24 (5).

[67] 赵毅衡. 重新定义符号与符号学 [J]. 国际新闻界, 2013 (6).

[68] 周北海. 概念语义与弗雷格迷题消解 [J]. 逻辑学研究, 2010, 3 (4).

[69] 朱志方. 语言符号、意义和经验知识 [J]. 武汉大学学报 (人文科学版), 2003, 56 (5).

[70] 朱志方. 集体意向: 一个无用的虚构 [J]. 哲学研究, 2012 (5).

[71] 杜建国. 语言、意向与存在 [D]. 山西大学, 2007.

[72] 郭建萍. 真与意义的融合与分离之争的逻辑探究 [D]. 山西大学, 2012.

[73] 郭燕. 思想与语言的自然化 [D]. 复旦大学, 2011.

[74] 周允程. 第一人称信念的哲学研究 [D]. 清华大学, 2008.

[75] 黄妍. 论集体意向的本性 [D]. 武汉大学, 2011.

[76] 何朝安. 涵义的形而上学研究 [D]. 复旦大学, 2012.

[77] 谭力扬. 科学理论诠释的语义学——形而上学研究 [D]. 复旦大学, 2012.

[78] Brown J. Anti-individualism and Knowledge [M]. Cambridge, MA: MIT press, 2004.

[79] Burge T. Truth, Thought, Reason: Essays onFrege [M]. Oxford: Oxford University Press, 2005.

[80] Buzaglo M. The logic of concept expansion [M]. Cambridge: Cambridge University Press, 2002.

[81] Boghossian Paul, Peacocke Christopher. New essays on the a priori [M]. Oxford: Oxford University Press, 2000.

[82] Carl W. Frege's Theory of Sense and Reference [M]. Cambridge: Cambridge University Press, 1994.

［83］ Caro Mario De, DavidMacArthur. Naturalism and Normaltivity ［M］. New York: Columbia University Press, 2010.

［84］ Carrara M, Sacchi E. Propositions: Semantic and Ontological Issues ［M］. New York: Rodopi, 2006.

［85］ Davis W A. Meaning, expression and thought ［M］. Cambridge: Cambridge University Press, 2003.

［86］ Devitt M and Kim Stereley. Language and Reality: an introduction to the philosophy of language ［M］. Oxford: Blackwell, 1999.

［87］ Dummett M. Frege: Philosophy of Language ［M］. Cambridge, MA: Harvard University Press, 1973.

［88］ Dummett M. Frege and Other Philosophers ［M］. Oxford: Clarendon Press, 1990.

［89］ Evans G. The Varieties of Reference ［M］, Oxford: Oxford University Press, 1982.

［90］ FineK. Semantic Relationism ［M］. Oxford: Blackwell, 2007.

［91］ Fodor J A. Psychosemantics: The problem of meaning in the philosophy of mind ［M］. Cambridge, MA: MIT Press, 1987.

［92］ Fodor Jerry. Language of Thought ［M］. New York: Thomas Y. Crowell, 1975.

［93］ Gauker C. Words without meaning ［M］. Cambridge, MA: MIT Press, 2003.

［94］ Haddock G E R. A Critical Introduction to the Philosophy ofGottlob Frege ［M］. Aldershot: Ashgate Publishing, Ltd, 2006.

［95］ Hale B, Wright C. A companion to the philosophy of language ［M］. Oxford: Blackwell, 1997.

［96］ Hale B, Wright C. The reason's proper study: Essays towards a Neo-Fregean philosophy of mathematics ［M］. Oxford: Clarendon Press, 2001.

［97］ Hanna R. Rationality and logic ［M］. Cambridge, MA: MIT

Press, 2006.

[98] Hilary Putnam. Reason, truth, and history [M]. Cambridge: Cambridge Univer-sity Press, 1981.

[99] Hill C S. Thought and World: An Austere Portrayal of Truth, Reference, and Semantic Correspondence [M]. Cambridge: Cambridge Univer-sity Press, 2002.

[100] Humphreys P, Fetzer J H. The new theory of reference [M]. Boston: Kluwer Academic Publishers, 1999.

[101] Katz JJ. Sense, reference, and philosophy [M]. Oxford: Oxford University Press, 2004.

[102] Lowe E J. The four-category ontology: a metaphysical foundation for natural science [M]. Oxford: Clarendon Press, 2006.

[103] Macdonald Graham, DavidPapineau. Teleosemantics [M]. Oxford: Oxford University Press, 2006.

[104] Mendelsohn R L. The Philosophy ofGottlob Frege [M]. Cambridge: Cambridge University Press, 2005.

[105] Mendelson R. The philosophy of Gotlob Frege [M]. Cambridge: Cambridge UniversityPress, 2005.

[106] Makin G. The Metaphysics of Meaning: Frege and Russell on Sense and Denotation [M]. London, New York: Routledge, 2003.

[107] Martinich Aloysius. The philosophy of language, 3rd ed. [M]. Oxford: Oxford University Press, 1996.

[108] McDowell J. Meaning, Knowledge and Reality [M]. Cambridge, MA: Harvard University Press, 1998.

[109] Millikan R G. Language: A biological model [M]. Oxford: Oxford University Press, 2005.

[110] Miller A. Philosophy of language [M]. Montreal Ithaca: McGill-Queen's University Press, 2007.

[111] Mohanty J. Husserl and frege [M]. Bloomington: Indiana University

Press, 1982.

[112] Peacocke C. A study of concepts [M]. Cambridge, MA: MIT Press, 1992.

[113] Predelli S. Contexts: Meaning, truth, and the use of language [M]. Oxford: Clarendon Press, 2005.

[114] Recanati F. Direct Reference: From Language to Thought [M]. Oxford: Blackwell, 1993.

[115] Recanati F. Literal meaning [M]. Cambridge: Cambridge University Press, 2004.

[116] Richard M. Propositional attitudes: An essay on thoughts and how we ascribe them [M]. Cambridge: Cambridge University Press, 1990.

[117] Saka P. How to think about meaning [M]. Berlin: Springer, 2007.

[118] Salmon N U. Content, Cognition, and Communication [M]. Oxford: Clarendon Press, 2007.

[119] Salmon N. Frege's Puzzle [M]. Cambridge, MA: MIT Press, 1986.

[120] Textor M. Frege on Sense and Reference [M]. London, New York: Routledge, 2011.

[121] Zalta E N. Intensional Logic and the Metaphysics of Intentionality [M]. Cambridge, MA: MIT Press, 1988.

[122] Antony L M, Davies M. Meaning and semantic knowledge [J]. Proceedings of the Aristotelian Society, Supplementary Volumes, 1997.

[123] Appiah A. An Argument against Anti-realist Semantics [J]. Mind, 1984, 93 (372).

[124] Bermúdez J L. Naturalism and Conceptual Norms [J]. Hilosophical Quarterly, 1999, 49 (194).

[125] Bogdan R J. Does Semantics Run the Psyche? [J]. Philosophy and Phenomenological Research, 1989, 49 (4).

[126] Bonevac D. Semantics and supervenience [J]. Synthese, 1991, 87 (3).

[127] Braun D. Empty Names [J]. Nous, 1993 (27) .

[128] Brown J. Anti-Individualism and Knowledge [J]. Philosophy & Phenomenological Research, 2004, 74 (2).

[129] Chalmers D J. On Sense AndIntension [J]. Nous, 2003, 36 (S16).

[130] Davidson D. Truth and meaning [J]. Synthese, 1967, 17 (3).

[131] Davidson D. The Logical Form of Action Sentences [J]. Essays on Actions & Events, 1967.

[132] Davidson D. Knowing One's Own Mind [J]. Proceedings & Addresses of the American Philosophical Association, 1987, 60 (3).

[133] Devitt M. Aberrations of the realism debate [J]. Philosophical Studies, 1991, 61 (1).

[134] Devitt M. The methodology of naturalistic semantics [J]. The Journal of Philosophy, 1994, 91 (10).

[135] Donnellan K. Proper Names and Identifying Descriptions [J]. Synthesis, 1970, 21 (3-4).

[136] Feng Ye. Naturalism and Abstract Entities [J]. International Studies in the Philosophy of Science, 2010, 24 (2).

[137] Gillett G. Husserl, Wittgenstein and the Snark: Intentionality and Social Naturalism [J]. Philosophy and Phenomenological Research, 1997, 57 (2).

[138] Hattiangadi A. Is meaning normative? [J]. Mind & Language, 2006, 21 (2).

[139] Hofstadter A. On semantic problems [J]. The Journal of Philosophy, 1938 (35).

[140] Horgan T, Timmons M. Metaphysical naturalism, semantic normativity, and meta-semantic irrealism [J]. Philosophical Issues, 1993 (4).

［141］ Horgan T. Functionalism and token physicalism ［J］. Synthese, 1984, 59 (3).

［142］ Horgan T. Naturalism and intentionality ［J］. Philosophical Studies, 1994, 76 (2).

［143］ Horgan T. Actualism, quantification, and contextual semantics ［J］. Noûs, 1998, 32 (S12).

［144］ Kim J. Naturalism and Semantic Normativity ［J］. Philosophical Issues, 1993 (4).

［145］ Kitcher P. The Naturalists Return ［J］. Philosophical Review, 1992, 101 (1).

［146］ Koons R C. The incompatibility of naturalism and scientific realism ［J］. Scientific Objectivity & Its Contexts, 1998 (22).

［147］ Linsky B, Zalta E N. Naturalized Platonism versus Platonizednaturalism ［J］. The Journal of Philosophy, 1995, 92 (10).

［148］ Maddy P. A naturalistic look at logic ［J］. Proceedings & Addresses of the American Philosophical Association, 2002, 76 (2).

［149］ Mcdowell J. Wittgenstein on Following a Rule ［J］. Synthese, 1984, 58 (3).

［150］ Mcintyre R. Husserl and Frege ［J］. Journal of Philosophy, 1987, 84 (10).

［151］ Miller A. The significance of semantic realism ［J］. Synthese, 2003, 136 (2).

［152］ Nöth Winfried. The Criterion of Habit in Peirce's Definitions of the Symbol ［J］. Transactions of the Charles S. Peirce Society: A Quarterly Journal in American Philosophy, 2010, 46 (1).

［153］ Papineau D. Representation and explanation ［J］. Philosophy of Science, 1984, 51 (4).

［154］ Plantinga A. Against naturalism ［J］. Philosophia, 2008 (9).

［155］ Putnam H. Meaning and Reference ［J］. Journal of Philosophy,

1973, 70 (19).

[156] Segal G. Keep making sense [J]. Synthese, 2009, 170 (2).

[157] Siebel M. The ontology of meanings [J]. Philosophical Studies, 2008, 137 (3).

[158] Silverberg A. Putnam on functionalism [J]. Philosophical Studies, 1992, 67 (2).

[159] Silvers S. On naturalizing the semantics of mental representation [J]. British Journal for the Philosophy of Science, 1991, 42 (1).

[160] Soames Scott. Why Propositions Cannot Be Sets of Truth-Supporting Circumstances [J]. Journal of Philosophical Logic, 2008, 37 (3).

[161] Soames S. Reference and Description: The Case against Two-Dimensionalism [J]. Dialogue, 2006, 45 (4).

[162] Sokolowski R. Husserl and Frege [J]. Journal of Philosophy, 1987, 84 (10).

[163] Tiercelin C. Peirce on norms, evolution and knowledge [J]. Transactions of the Charles S. Peirce Society: A Quarterly Journal in American Philosophy, 1997, 33 (1).

[164] Wettstein H. Cognitive significance without cognitive content [J]. Mind, 1988, 97 (385).

[165] Wikforss Å M. Semantic normativity [J]. Philosophical Studies, 2001, 102 (2).

[166] Wilson G M. Semantic realism andKripke's Wittgenstein [J]. Philosophical and Phenomenological Research, 1998, 58 (1).

后　记

如何解答"弗雷格之谜"，弗雷格本人给我们指明了一个很有前途的方向，即与语言符号相对应的不但有其指称还有其涵义。具有同一指称的不同语言符号可以具有不同的涵义，在弗雷格看来，这正是"弗雷格之谜"产生的原因。弗雷格这一解答方式一直颇受人赞赏和看重。然而这条路线值不值得坚持以及如何坚持，是一百年来语言哲学及其他相关哲学领域争论的一个核心难题。

研究弗雷格的思想是一回事，研究这些问题本身是另一回事。本书是在探讨弗雷格思想的基础上，研究某些问题本身。本书认同弗雷格解决某些问题的重要结论中的某些重要方面，但是并不完全赞同弗雷格的立场，比如他的本体论立场。对弗雷格式的涵义概念的辩护，是基于他对涵义和指称的区分，本书也在此意义上坚持弗雷格路线。

弗雷格式涵义的吸引力在于，语言符号除了指称外还表达了涵义，这是一个关于语言意义的深刻见解。然而，弗雷格关于涵义本身的语焉不详或者不够深入，使得不同哲学家对涵义的解释见仁见智，又各有难题。同时，弗雷格关于涵义（也即思想）的柏拉图主义本体论立场，由于其神秘性和因果不可通达，难以被当前的哲学主流自然主义接受。自然科学，特别是认知科学的极大发展，表明弗雷格对哲学领域以及逻辑学领域的心理主义的担忧是过虑了，当然，这也是由于当时的心理科学不发达的缘故。当前形而上学研究的新进展，特别是心灵哲学对思想本质的新论证，为我们重新考虑涵义的本质奠定了理论基础，也为我们有保留地为弗雷格主义做辩护提供了理由。

当然，这里有一个重要的问题有待进一步辨析，也就是本书所为之辩护的弗雷格式的涵义，以及其与弗雷格主义之间的关系。弗雷格主义涉及一系列复杂的问题与论题，需要在对弗雷格的思想进行整体把握的基础上进行，而本书尚未进行这种全面而深入的探讨，这就导致本书为之辩护的弗雷格式涵义到底能在什么意义上为弗雷格主义站台，尚需要进一步思索和论证。

　　弗雷格的涵义理论是元语义学的重要部分，它所揭示的是真值承载者的本质以及语言意义的本质。本书立足于自然主义的形而上学立场，试图重新理解弗雷格所谓的涵义是呈现模式，并指出这种呈现模式是基于自然主义的详细说明，从而弥补弗雷格关于涵义本质论述上的不足。在此基础上，本书将对涵义的把握界定为对涵义的例示，通过分析发现，这种理解可以解释弗雷格之谜，并能厘清弗雷格涵义理论中本来存在着的各种混乱。通过这种基于自然主义立场对弗雷格涵义理论的重构，本书意在为弗雷格的间接指称路线做出辩护。不过鉴于自然主义本身尚且存在许多待解难题，这个解决方案也就遗留了一些问题，需要进一步研究，比如本书所立足的是何种自然主义，在书中尚未得到细致的讨论。因此，涵义在何种自然主义论题基础上得到了辩护也就不甚清楚。可以说，本书更多的是提供了一种解释弗雷格式涵义的方向和道路，即自然主义的方向和道路，并且笔者认为这条道路是有前途的。在这条道路上，依然面临着各种荆棘、陷阱，如何应对，以及如何在这条路上披荆斩棘地走下去，尚需要不断推进。

　　学术研究之路，其路漫漫而修远兮，吾将上（形而上）下（形而下）而求索。求索中偶有所感所得，是以为记。